学校体育综合发展丛书

袁立新 —— 主编

指导 体育游戏

100 例

教育科学出版社
·北 京·

U0626197

出 版 人　郑豪杰
责任编辑　刘　蕾
版式设计　思瑞博　吕　娟
责任校对　马明辉
责任印制　叶小峰

图书在版编目（CIP）数据

体育游戏指导100例 / 袁立新主编. —北京：教育
科学出版社，2023.12（2024.4重印）
（学校体育综合发展丛书）
ISBN 978-7-5191-3742-7

Ⅰ.①体…　Ⅱ.①袁…　Ⅲ.①体育游戏—教学研究—
中小学　Ⅳ.①G633.962

中国国家版本馆CIP数据核字（2023）第246351号

学校体育综合发展丛书
体育游戏指导100例
TIYU YOUXI ZHIDAO 100 LI

出 版 发 行　教育科学出版社

社　　　址	北京·朝阳区安慧北里安园甲9号	邮　　编	100101
总编室电话	010-64981290	编辑部电话	010-64989561
出版部电话	010-64989487	市场部电话	010-64989009
传　　　真	010-64891796	网　　址	http://www.esph.com.cn

经　　　销	各地新华书店		
制　　　作	北京思瑞博企业策划有限公司		
印　　　刷	北京市大天乐投资管理有限公司		
开　　　本	720毫米×1020毫米　1/16	版　　次	2023年12月第1版
印　　　张	13.5	印　　次	2024年4月第2次印刷
字　　　数	190千	定　　价	79.00元

《体育游戏指导100例》
编委会

主　编： 袁立新

副主编： 郭玉东　尤　军　梁吉涛　武新颖

顾　问： 关槐秀　樊　伟

编　委：（按拼音字母排序）

班建龙	陈华海	陈　兆	崔宝春	崔小燕	邓　群
东谱旭	董向宇	段　琼	樊　伟	房铁柱	伏　超
郭玉东	韩　兵	韩　超	韩金明	韩金妍	郝丽萍
胡峰光	胡甘霖	黄春秀	黄战丽	姜宇航	蒋　卫
金　铃	李宏伟	李　健	李雪冬	李雪苹	李志伟
梁吉涛	蔺　敏	刘娅潇	刘　洋	刘　尧	刘禹晨
刘月新	芦海棠	吕　良	潘建芬	饶子龙	石少锋
史红亮	史丽英	史瑞琴	舒　瑶	佟新泽	王金良
王小慧	卫　星	魏　敬	武新颖	谢　娟	许　韵
杨　帆	杨　磊	易建斌	尤　军	余鹏飞	袁　春
袁立新	张锋周	张金玲	张　萍	张庆新	张　伟
张文凤	支　鑫	周　航	周活新	周　青	周志勇

序言 PREFACE

体育与健康课程中的游戏与活动是小学阶段主要的内容，它能发展学生走、跑、跳、投、攀爬等人体基本活动能力，培养团结协作、遵规守纪的优良品质和集体主义精神。体育游戏深受学生的喜爱，它能让每一个学生在参与、学习、体验、合作与比赛中享受运动的乐趣。然而，现阶段体育游戏更注重游戏的锻炼性、趣味性和竞赛性，以及对学生团结协作和集体主义精神的培养，忽略了游戏的内在意涵和教育价值，尤其是忽略了游戏的思想性和文化性。

北京教育学院第二期"协同创新学校计划"——中华优秀传统文化背景下小学体育游戏创编与特色活动课程开发培训项目暨"新时代学校体育综合发展"学科创新平台，围绕《中共中央 国务院关于全面深化新时代教师队伍建设改革的意见》和《义务教育体育与健康课程标准（2022年版）》，开展了为期三年的行动学习与研究。项目聚焦学科核心素养，以学生发展为中心，抓住课程整体设计的重点，注重活动化、游戏化、生活化的学习设计，突出学练赛体育游戏和基本运动技能及游戏化运动项目，帮助学生发展身体活动能力，为学生体能和专项运动技能水平的提高奠定良好的基础。同时，将中华优秀传统文化、中华传统体育、民族民间体育、国防教育和爱国主义教育及跨学科主题学习等有机结合，增强游戏的思想性和文化性，引导学生在玩中学、玩中练、玩中赛，让学生在体育游戏中享受乐趣、增强体质、健全人格、锤炼意志，进而培养学生形成适应未来发展的正确价值观、必备品格和关键能力。

本书作为项目的研究成果之一，包含了八个部分，第一至七部分汇集了培训学员实践创编的100例"原创"游戏，并按照人体动作技能的发展规律进行编排与归类，将其划分为爬行游戏、走的游戏、跑的游戏、跳的游戏、投掷游戏、负重游戏、综合游戏，并从中选择了42个游戏录制视频，通过扫描书中二维码即可观看，增加了可读性与可视性。第八部分"优秀体育游戏创编案例与思考"，是本项目培训学员关于探索与创编有故事的体育游戏和尝试溯源有"根"的体育文化课程的一些理论研究成果。

　　本书紧扣新课标中"重视中华优秀传统体育文化，培养学生的民族精神和文化自信"的要求，以"中华优秀传统文化"为主线，串联并精编了100例"有故事的体育游戏"，对于学生学练体育游戏和基本运动技能，发展身体活动能力，提高体能和专项运动技能水平具有积极作用和指导意义。全书体现了中华优秀传统文化与体育游戏的巧妙结合，创编新颖、寓教于乐、内容丰富、设计合理，是一线小学体育教师落实新课标、开展体育游戏的重要参考。

　　祝愿新时代学校体育明天更美好。

编　者

目录

第八部分　优秀体育游戏创编案例与思考 ············· 172

后　记 ··· 203

第一部分

爬行游戏

01 鲤鱼跃龙门

适用年级：1～2年级

● **游戏意涵**

鲤鱼跃龙门是中国古代神话传说之一。唐代诗人李白有诗云："黄河三尺鲤，本在孟津居，点额不成龙，归来伴凡鱼。"鲤鱼要跳过龙门，才能变化成为真龙，如果不能跳过龙门，就只能回来与凡鱼做伴。

通过鲤鱼跃龙门的故事，让学生明白小鲤鱼要化身为龙需要经历艰难险阻，要成功就必须克服困难。本游戏旨在培养学生克服困难、顽强拼搏、团结向上的精神，激发学生对传统文化的兴趣。

● **游戏目的**

1. 发展上下肢协调配合能力。

2. 提高爬行和弹跳能力。

3. 体验"鲤鱼跃龙门"，培养克服困难的意志品质。

● **游戏方法**

学生分成2队，每队15人。比赛开始前，各队在起点处成纵队做好准备，听到比赛开始信号后，各队同时开始。每队第一名学生开始用跪爬（手和膝盖着地爬行）的姿势在瑜伽垫上向前爬行，第二名学生紧随其后。当第一名学生到达终点后站起，并腿跳过体操垫，然后跑回起点排在队伍后面。后面学生依次进行，与其他同时出发的各队进行比赛。在3分钟内跳过体操垫的人数多的队为获胜队。

● **游戏规则**

1. 爬行时身体不能接触瑜伽垫外的场地。

2. 不能与前面学生发生碰撞。

3. 不得超越前面的学生。

● **场地与器材**

长30米、宽10米的平坦场地、瑜伽垫10块、体操垫2块。场地布置如图1所示。

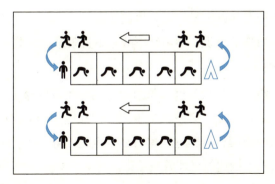

图1 场地示意图

● **注意事项**

瑜伽垫平铺于地面，避免身体直接接触地面，防止发生运动损伤。

● **拓展建议**

一开始可采用穿过动作，熟练后可结合前滚翻完成游戏，更贴近游戏设计的初衷与情境。

（创编教师：北京市房山区城关小学　吕　良）

02 飞夺泸定桥

适用年级：3 ～ 6 年级

● **游戏意涵**

飞夺泸定桥是中国工农红军长征中的一场重要战役，发生于1935年5月29日。中央红军部队在四川省中西部强渡大渡河成功，沿大渡河东岸北上。主力由安顺场沿大渡河西岸北上，在下大雨的情况下，在崎岖陡峭的山路上跑步前进，一昼夜奔袭达120千米，于5月29日凌晨6时左右按时到达泸定桥西岸。第2连连长和22名突击队员踩着铁链穿过枪林弹雨的铁索桥，夺下桥头，并与东岸部队合围占领了泸定桥。

● **游戏目的**

1.掌握俯撑、仰撑异侧手脚爬行的方法。

2.发展上下肢及腰部力量，提高协调能力。

3.培养团结协作的意识，学习红军战士不畏艰难、勇敢顽强的精神。

● 游戏方法

学生分成4组在绳梯后站好，每组第一名学生成俯撑（仰撑）姿势在起点前准备出发。游戏开始，第一名学生两手撑在绳梯的方格中、两腿撑在方格外，一步一格向前爬行，爬过绳梯后在终点处站好举手，示意下一名学生出发，最后一名学生抵达终点即游戏结束。

● 游戏规则

1.出发前身体任何部位不能超过起点。

2.每移动一次只能前进一格。

● 场地器材

绳梯4条。场地布置如图2所示。

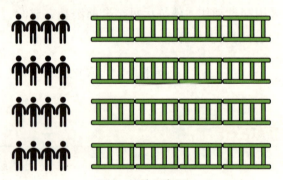

图2　场地示意图

● 注意事项

1.用异侧手脚支撑前进。

2.速度不宜过快，以免倒地发生危险。

● 拓展建议

1.将绳梯换成体操凳，在凳子上面放一根绳子，小组学生分别拉住绳子两端。游戏开始，位于绳子一端的学生仰卧在体操凳上，双手抓住绳子向前爬行，直到爬至绳子对面，与对面第一名学生击掌后跑到队伍后面拉绳，与他击掌的学生用相同方式爬到对面。直到最后一名学生爬完，游戏结束。

2. 将绳梯换成体操凳，在凳子上面放一根绳子，小组学生分别拉住绳子两端。游戏开始，位于绳子一端的学生趴在体操凳上双手抓住绳子向前爬行，直到爬至绳子对面，与对面第一名学生击掌后跑到队伍后面拉绳，与他击掌的学生用相同方式爬到对面。直到最后一名学生爬完，游戏结束。

（创编教师：北京亦庄实验小学　董向宇）

第二部分

走的游戏

03 礼让三先

适用年级：1～2年级

● 游戏意涵

中国是礼仪之邦，礼是中华民族的传统美德。一直以来，各级各类学校都十分重视对学生的文明礼仪教育。交通安全礼仪是小学生应具备和遵守的基本常识和行为规范，在体育课上，教师可以通过情境创设，渗透相关知识，不断增强学生的交通安全意识。

● 游戏目的

1. 了解基本交通规则，强化交通信号灯的通行规范，增强交通安全意识。

2. 锻炼走的运动能力，不断提高判断反应能力。

3. 培养规则意识和遇事冷静思考的能力，传承礼让三先的中华优秀传统礼仪文化。

● 游戏方法

全班学生围成一个圆，教师持红、黄、绿灯的标志牌站在圆心。游戏开始，学生一边沿圆形场地行进，一边观察教师，依据"红灯停、绿灯行、黄灯等"的交通规则做出相应动作。当教师举红灯时学生迅速停止行进；当教师举绿灯时学生继续向前行进；当教师举黄灯时学生迅速原地踏步。教师每次举灯后会倒数3秒，观察学生反应。游戏循环进行，直至结束。

● 游戏规则

1. 教师举灯后，3秒内未做出相应动作的学生需迅速做3个蹲起。

2. 行进过程中，要注意保护同伴，做到礼让三先。

● 场地器材

红、黄、绿灯标志牌。场地布置如图3所示。

图3 场地示意图

● **注意事项**

1. 游戏开始前，对学生进行安全教育，明确游戏的目的和意义。

2. 依据学生练习情况调整练习强度，如增减停顿次数或行进时间等。

● **拓展建议**

1. 本游戏可延伸至 3 ~ 4 年级，将全班学生按 1 ~ 3 人一组，分为若干组，模拟多种过马路方式，如盲人过马路和残疾人过马路，骑车或坐车过马路等，强化"宁等三分，不抢一秒"的交通安全意识。

2. 游戏进行过程中可变换行进动作，也可按照一定顺序换人举交通信号灯标志牌，体验不同角色。

（创编教师：北京市房山区周口店中心小学　李雪苹）

04　鸿雁来宾

适用年级：1 ~ 2 年级

● **游戏意涵**

寒露是二十四节气的第 17 个节气。寒露有三种物候现象，第一候就是鸿雁来宾。意思是在此节气时，鸿雁排成"一字形"或"人字形"的队列大举南迁。学生在"鸿雁来宾"的故事情境中，通过模仿大雁走或跑的动作，体验寒露物候的变化。

● **游戏目的**

1. 掌握不同方式的走、跑动作。

2. 发展上下肢肌肉力量和关节的灵活性，提高走、跑的能力。

3. 培养团结协作能力，通过体验模仿，激发对二十四节气文化的学习兴趣。

● **游戏方法**

在长 30 米、宽 25 米的长方形场地上，划分出三块区域，分别为北方、中部、南方。游戏开始，所有学生在北方场地内，模仿大雁自由飞翔。听到教师发出信号后，两人一组自由组合，在音乐伴奏下，两臂向不同方向挥动进行"猜丁壳"游戏，赢者为领头雁（手腕戴发圈）。

　　各队领头雁带领同伴一起寻找其他伙伴，途中与其他领头雁进行"猜丁壳"游戏，并邀请其加入本队结伴同行。赢者成为新的领头雁，继续带领队伍成"一字形"或"人字形"飞翔或寻找其他伙伴。在北方区域结伴4～6人后，可向中部飞行，继续用相同方法邀请其他伙伴。在中部区域结伴8～12人后，继续向南方飞行，到达南方后在场地内飞翔庆祝，等候所有大雁都飞到南方。在游戏中，手腕上发圈多、飞翔过程中无掉队或掉队队员少的领头雁为"最佳领头雁"；队形整齐、飞行路线选择合理的队列为"同舟共济"团队。

　●　**游戏规则**

　　1.领头雁要及时调整飞翔队列的方向和速度，如有大雁掉队，其他队列可以重新邀请。

　　2.在飞翔过程中，如因领头雁路线选择不合理，干扰到其他队列正常飞翔，则需自动并入其他队列，并取消领头雁的资格。

　　3.领头雁"猜丁壳"输或路线选择不合理时，需将发圈交于赢者。

　●　**场地器材**

　　音响设备1台、彩色发圈若干。场地布置如图4所示。

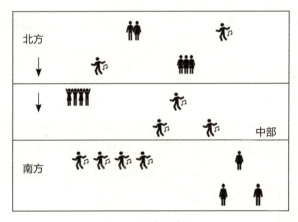

图4　场地示意图

　●　**注意事项**

　　1.合理选择场地，确保学生在游戏中有足够的安全活动空间。

　　2.严格制订和实施游戏规则，防止学生发生不安全行为。

拓展建议

游戏中播放表现不同天气的背景音乐，引导学生随着音乐的转换，变换不同的走、跑形式。

（创编教师：北京市房山区周口店中心小学　张　萍）

05 板鞋列车

适用年级：3～6年级

游戏意涵

在民间，关于板鞋运动的起源有一段激动人心的故事。据说，明朝嘉靖年间，广西壮族女英雄瓦氏夫人曾经以板鞋作为"秘密武器"，训练士兵的团结协作能力。她让三名士兵同穿一副长板鞋一起跑步，长期如此训练，士兵的战斗素养大大提高，他们团结协作、斗志昂扬、所向披靡，在战场上大胜倭寇，为壮族人民立了大功。

游戏目的

1. 意识到在踏板前进过程中喊口号、观察同伴及合作的重要性。

2. 通过合作竞赛，培养团结协作的意识和顽强拼搏的品质，并在游戏中学会沟通、理解和包容。

游戏方法

将全班学生分成4组，每组8人，分别站在起点线后。比赛开始，前4名学生上板直立准备，听到出发口令后，快速出发，当踏板最前面的位置超过对面线时，4人快速转变方向并由直立变成蹲下，快速返回起点线，然后在此等待的另外4名学生迅速上板，重复前面4名学生的比赛方式，最后踏板前段最先返回起点线的队伍获胜。

游戏规则

1. 比赛开始前，踏板最前端在起点线后；比赛过程中，踏板最前端碰到对面线时才能返回。

2. 比赛过程中，前进和返回时必须一次是蹲下，另一次是站立，顺序可以变化。

3.踏板行进途中，所有人的脚必须在踏板上，如果脚落地面需要在失误的地点重新开始。

● 场地器材

标志线 2 根、4 人用的板鞋踏板 4 套。场地布置如图 5 所示。

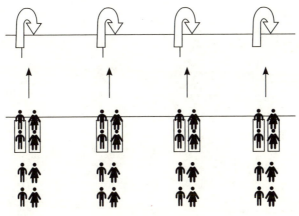

图 5 场地示意图

● 注意事项

在游戏过程中，上板学生同时喊出"1—2"或"左—右"的节奏可以让行进更快、更整齐。游戏全程一定要注意安全，及时提醒和帮助同伴，以免发生跌倒。

● 拓展建议

1.固定的踏板容错率低，前进的节奏和步幅必须保持一致，5～6年级的学生更容易驾驭。不过在降低难度的情况下，3～4年级的学生也可以按以上规则进行游戏，比如将脚下的踏板换成两根长绳，将绳子绑在学生的腿上，这样前后学生在节奏相对一致时也可以顺利前进。

2.可将踏板左右放置，侧对前进方向，用左右横跨的方式进行游戏，丰富游戏方式，提高游戏难度。

（创编教师：北京亦庄实验小学 伏 超）

第三部分

跑 的 游 戏

06 薪火相传

适用年级：1 ~ 2 年级

● 游戏意涵

火把节是彝族、白族、纳西族、拉祜族、哈尼族、普米族等少数民族的传统节日。节庆期间，男女青年点燃松木制成的火把，到村寨田间活动，边走边将松香撒向火把照天祈年，除秽求吉。

● 游戏目的

1. 了解我国少数民族传统节日相关习俗，加深对民族文化的认识。

2. 发展足球控球技术和身体的协调性。

3. 培养传承传统文化的意识，增强对民族文化的自豪感。

● 游戏方法

学生扮演传递火种的"勇士"，足球是需要被传递的"火种"。

将学生平均分为两大组，每大组又分成 4 支小队，每小队 4 ~ 6 人，各小队围成一圈，队员相互搭肩膀，组成一个护送阵型，两队分开做好"护送"接力队形。每条路线上放置两个标志物作为"火种"充能区域，在"火种"运送过程中，需要环绕标志物一周补充能量。

游戏开始，两组的第一小队各接到一颗"火种"，要求护送队伍在保护好"火种"的情况下，尽快设计最优路线，护送过程中可以相互进行脚下传球，保持"火种"不离开护送队伍，顺利传递给对面的下一小队。每小队护送一次，看哪一大组在最短时间内完成。

● 游戏规则

1. 在护送"火种"过程中，任何队员的双手都不能碰球，只能用双脚触球。手触球的小队需重回护送点重新开始护送任务。

2. 在护送"火种"过程中，要环绕标志物一周，给"火种"充能量，未充能量的"火种"将熄灭，需重新护送。

3. 在护送"火种"过程中，如果"火种"离开团队，需立即安排一名队员捡回，其他队员不动，待"火种"归队之后，从离队地点继续护送。

● **场地器材**

足球场1块、标志物4个、足球2个。场地布置如图6所示。

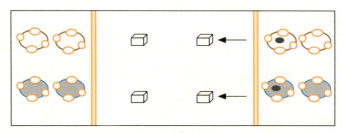

图6 场地示意图

● **注意事项**

1. 每组参与护送活动的学生不宜过多，以免发生危险。

2. 参与本游戏需要有一定的足球练习基础。

3. 小队的人员护送位置要多变换，避免只从一个角度练习。

● **拓展建议**

1. 可以多设置任务区域，增加游戏乐趣。

2. 可以变换队伍移动的方式，如蹲着走或小步跑。

3. 当学生熟练掌握游戏之后，可采用小组积分赛制进行游戏。

4. 当学生熟练掌握游戏之后，可以选择每小队同时护送2～3个足球，增加游戏难度。

（创编教师：北京小学大兴分校亦庄学校　房铁柱）

07 探寻百家姓

适用年级：1～4年级

● **游戏意涵**

我国姓氏文化源远流长，中华姓氏是中华民族传统文化中生命力最旺、凝聚力最强、感召力最大的人文情结，是筑牢中华民族共同体意识的重要基石。在教学中，将障碍类游戏同探寻中华传统姓氏相结合，有利于发展学生身体素质，培养学生对中国传统文化的认同。

● 游戏目的

1. 提升对中国传统文化的感知和认同。

2. 发展灵敏性、协调性等身体素质。

3. 激发热爱学习、热爱体育运动的兴趣，体验游戏的快乐。

● 游戏方法

将学生平均分成 8 组。游戏开始，每组第一名学生依次跨越体操垫、双脚跳圈、走平衡箱、钻圈等，然后在黑板上的贴纸中填写自己的姓氏，并将贴纸取回，直线跑回至起点，与本组下一名学生击掌，完成闯关。下一名学生出发，依次完成各项任务。以此类推。率先完成的小组即为获胜组，获得一次向同学介绍自己姓氏（小组推选发言）的机会。

● 游戏规则

1. 通过障碍时，将障碍碰倒要整理好后再重新通过。

2. 采用跨越或跳跃跃过体操垫，踩在垫子上或者绕过需要重新做。

3. 击掌后，下一名学生才能出发。

● 场地器材

体操垫 8 块、障碍物若干、平衡木 8 条、黑板 4 块、贴纸、笔。场地布置如图 7 所示。

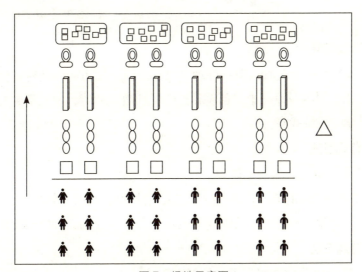

图 7 场地示意图

● **注意事项**

1. 根据学生年龄设定闯关难度和所用器材。

2. 根据学生人数调整分组，适当提高练习密度。

● **拓展建议**

1. 学生练习熟练后可以提高难度。

（1）依次穿过障碍，将手中的姓氏按姓氏歌的顺序排列，率先通过并正确完成为胜，获得一次向同学介绍自己姓氏的机会。

（2）合并成一块黑板，学生依次穿过障碍，将手中和同学相同的姓氏贴到一起，率先完成为胜，并获得一次向同学介绍自己姓氏的机会。

2. 结合篮球项目，可将障碍跑改为快速运球跑、低运球过障碍物、体前变向运球等。

3. 结合足球项目，可将障碍跑改为快速带球跑、变向过障碍物、颠球10个等。

4. 结合体操项目，可将跨过体操垫改为前滚翻、后滚翻、侧手翻等。

（创编教师：北京小学大兴分校亦庄学校　刘禹晨）

08 贴"尾巴"

适用年级：1～4年级

● **游戏意涵**

1～4年级学生天真活泼、好动且兴趣广泛，模仿能力及对新鲜事物的好奇心较强。在游戏设计中，创设猫抓老鼠的教学情境，激发学生的练习兴趣，提升学生的游戏参与度。

● **游戏目的**

1. 巩固站立式起跑的动作。

2. 发展快速跑的能力，提高身体的灵活性和协调性，增强下肢力量。

3. 在游戏化的情境中，创造多种起跑姿势，培养创新合作的精神。

● **游戏方法**

将全班学生分成2组，手持"尾巴"的学生站在起点A的后面，没有

"尾巴"的学生站在起点 B 的后面。比赛开始,后面的学生努力去追前面的学生,将手中的"尾巴"贴到前面学生身上,若在终点前给前面学生贴上"尾巴"则获胜,没有贴上"尾巴"则失败。

🔵 游戏规则

1. 发令时两组学生均不能越过起点线或踩到起点线。

2. 前后两名学生在自己跑道里面奔跑,不得窜道。

🔵 场地器材

一端有胶带的长纸条 20 条、平整开阔的场地 1 块。场地布置如图 8 所示。

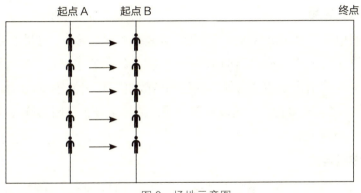

图 8　场地示意图

🔵 注意事项

1. 后面学生在贴"尾巴"时不能过于用力,避免出现撕扯、推人的动作。

2. 注意观察两侧学生,防止安全隐患的发生。

🔵 拓展建议

1. 在"尾巴"上夹带任务,被贴上的学生要完成"尾巴"上的任务,如做 10 个蹲起、做 5 个波比跳等。

2. 将学生分成 2 组,所有人都手持一条"尾巴",学生在矩形区域内相互贴"尾巴",被贴到"尾巴"的学生下场。计时 2 分钟,计时结束后,留在场上人数多的小组获胜,被贴到"尾巴"的学生要完成"尾巴"上的任务。

3.将学生分成2组，所有人身后都贴上"尾巴"，学生在矩形区域内相互揪"尾巴"，被揪掉"尾巴"的学生下场。计时2分钟，计时结束后，获得"尾巴"数多的小组获胜。

（创编教师：北京亦庄实验小学　董向宇）

09 抛砖引玉

适用年级：3～4年级

● 游戏意涵

"抛砖引玉"最早出自宋代释道原《景德传灯录·卷十·赵州东院从稔禅师》。讲述了诗人常建称自己的水平是"砖"，赵嘏的水平是"玉"，用自己"平凡"的诗句引出赵嘏"高妙"的佳句的故事。其实常建和赵嘏并非同时代人，续诗之说不可信，而这段故事之所以流传至今，是因为诗人表现了自谦的中华传统美德。

● 游戏目的

1.了解"抛砖引玉"故事的背景，并能尝试举一反三。

2.发展上肢力量和奔跑能力，提升反应力和应变力。

3.培养竞争意识、合作精神以及积极思考的学习态度。

● 游戏方法

对所有学生进行编号，并要求学生记住自己的数字，在游戏过程中，学生在圆圈外按顺时针方向跑动，圆圈内一学生手持"砖"将"砖"抛向高空，并喊出范围内的任意一个数字，未被喊到数字的学生迅速向外快速跑动，被喊到对应数字的学生迅速做出反应，并到指定位置接高空落物喊"定"，这时所有学生停在原地，接"砖"者可任意选择一个目标原地投"砖"进行"打击"，被打中者当下一次抛"砖"者。

● 游戏规则

1.抛"砖"者不能将球抛出圆圈，抛球高度不限。

2.被喊到对应数字的学生需双手握住球后才能喊"定"。

3. 喊"定"以后，除抛"砖"者，其他人不能再移动。

4. 所有人不得跑出正方形场地。

● **场地器材**

1块内侧带有圆圈（直径为12米）的正方形（边长为30米）场地、1块软质"砖"。场地布置如图9所示。

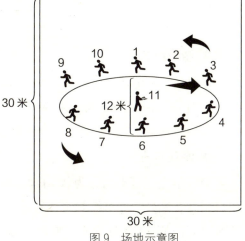

图9 场地示意图

● **注意事项**

1. 圆圈外设置有一定范围的区域，所有人不得出此区域。

2. 游戏前做好热身准备，游戏强度循序渐进。

3. 跑动中注意其他人位置，避免发生冲撞，养成安全意识。

4. 选用软质的、有合适重量的"砖"，避免"砖"砸到人发生意外伤害事故。

● **拓展建议**

1. 提升随机应变能力和反应力，第一名学生抛"砖"喊数，被喊到需接"砖"的学生双手握球后不喊"定"，可继续抛"砖"喊出其他数字让下一名学生接"砖"。

2. 为增加运动强度，可让学生单脚触地，通过单脚跳完成。

（创编教师：北京小学大兴分校亦庄学校　支　鑫）

10 粮仓保卫战

适用年级：3～4年级

● **游戏意涵**

抗日战争14年，我国军民勇敢顽强，团结抗战，赢得了近代以来反抗外敌入侵的第一次完全胜利。"兵马未动，粮草先行"充分说明了粮食在战争时期的重要作用，在抗战时期更是如此。本游戏就是依据相关情境所设计。

游戏目的

1.引导学生牢记抗战历史，传承弘扬伟大的抗战精神。

2.训练学生跑和钻的能力，发展身体的灵活性、敏捷性和反应能力。

3.培养爱国、勇敢、善良、友好的思想和团结合作、共同奋斗的品质。

游戏方法

全班学生尽量平均分为A、B两组，A组扮演八路军站在圈内，B组扮演日军站在圈外。A组按规定位置守护在粮仓周围（粮仓由圆形场地组成，沙包随机放在圆形场地内充当粮食），B组等候在粮仓附近。游戏开始，教师吹哨并计时，A组在规定位置附近移动，守护粮仓，B组伺机越过A组进入粮仓抢夺粮食（沙包）。若在抢夺过程中被A组抓到，则要将粮食放回粮仓，成为A组"俘虏"，共同抵御B组，3分钟内若所有粮食被抢光，则B组胜利，反之则A组胜利，本轮游戏结束。然后A、B组学生互换位置和身份，开始新一轮游戏。

游戏规则

1.A组学生抓住B组学生的标志是碰到B组学生的肩部、胳膊、后背或腿部。

2.B组学生每次只能拿一个单位的粮食。

场地器材

八路军标志、日军标志、沙包、标记点。场地布置如图10所示。

注意事项

1.游戏开始前，教师讲解游戏规则，强调安全第一。

2.抓人时一定注意避开头部。

3.注重思政教育。鼓励守卫粮食的八路军要积极勇敢，具有视死如归的精

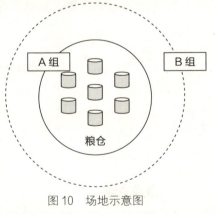

图10　场地示意图

神。粮食守卫成功，凸显八路军英勇顽强、不畏牺牲的革命精神。

● 拓展建议

1. 粮仓可以变大或变小。

2. 粮仓的位置可以是静止的，也可以是移动的。

3. 本游戏可以拓展到 5～6 年级，根据学生年龄、运动能力、团结协作意识等情况，调整 A、B 两组人数比例，缩短完成时间，变化粮仓入口的大小等，提高竞技性和趣味性。

（创编教师：北京市房山区周口店中心小学　李雪苹）

11 畅游祖国

适用年级：3～6 年级

● 游戏意涵

依据自然特征，我国分为北方、南方、西北和青藏四大地理区域。本游戏旨在让学生在了解祖国四大区域的基础上，畅游祖国，厚植爱国情怀。

● 游戏目的

1. 学会辨认方位，了解简单识图方法，拓展区域认知。

2. 激发运动兴趣，提高逻辑思维能力，不断增强体能。

3. 培养团结合作、互帮互助的品质和爱国主义精神。

● 游戏方法

1. 游戏准备。

在一块平整的场地上，以远北近南、左西右东的方位划分出祖国四大区域，即北方地区、南方地区、西北地区和青藏地区。在每个区域摆放本地区标志性的山、水、湖泊、农作物、动植物等，以纸条的形式展示即可。方位区域对应方位任务单，均需找出该区域的"一山一水一物"。依据学生人数准备任务单。

2. 游戏方法。

将全班学生平均分成 4 队，每小队内部再以 2 人为一组，在起始线后准备。游戏开始，每队第一组学生随机抽取一张任务单，并按要求完成相应任务。完成后迅速返回，与本队下一组学生击掌，下一组学生出发。依次轮流，直至每队所有组都完成任务，游戏结束。完成任务速度最快的队获胜。

● 游戏规则

1. 到达的方位区域正确，并准确完成任务，否则要从起点开始重新进行。

2. 学生需自主完成游戏，不得蓄意干扰他人，违背体育精神。

● 场地器材

任务单4张，对应山、水、物的纸条若干，标志凳，标记带。场地布置如图11所示。

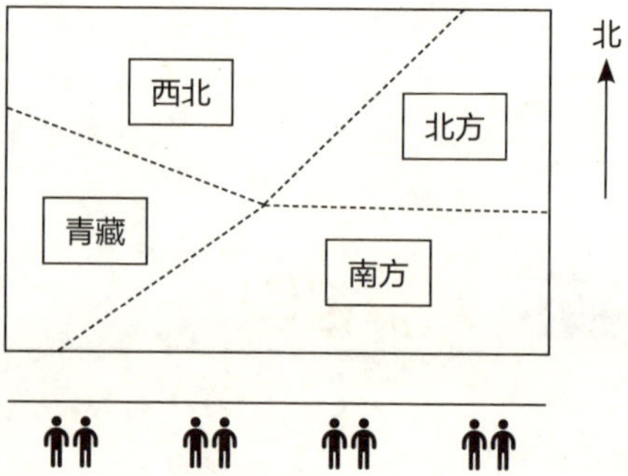

● 注意事项

1. 设置任务前应了解学生学习实际，尽量安排已学习过的内容。

图 11　场地示意图

2. 学生必须依据任务单要求完成任务，在游戏过程中注意安全。

● 拓展建议

1. 本游戏可拓展到 5 ~ 6 年级进行，依据学生实际设置合适的任务单，不断增加任务数量和难度。

2. 任务单内容可按学生的兴趣进行更改，如水果、美食、著名建筑等。

（创编教师：北京市房山区周口店中心小学　李雪苹）

12　芒种捉虫

适用年级：3 ~ 4 年级

● 游戏意涵

芒种节气是二十四节气中的第 9 个节气。芒种节气的到来预示着农民开始了忙碌的田间生活。这时土豆害虫有二十八星瓢虫，又称马铃薯瓢虫，体呈红褐色的半球形，每一鞘翅上有 14 个黑斑。该虫在叶背剥食叶肉，仅留表皮，状如箩底。本游戏据此设计了在芒种节气捉二十八星瓢虫的情境。

🔵 游戏目的

1. 加深对芒种节气的理解，体验劳动的乐趣。

2. 发展快速奔跑的能力，提高身体的灵敏性。

3. 培养竞争意识和责任意识，感受劳动的光荣。

🔵 游戏方法

游戏开始前，在每队展板上贴上 10 片土豆叶，每片叶背面粘上 3 个二十八星瓢虫图标。

学生分组站在起点位置，听到教师发令后出发，排头学生沿 S 形路线绕过菜地，到展板位置捉到害虫后原路返回，与下一名学生击掌后跑至队尾，依次进行。在规定时间内，捉害虫数量最多的队获胜。

🔵 游戏规则

1. 每名学生每次只能捉一只害虫。

2. 除排头学生外，其他学生需要与本队前一名学生击掌后才能出发，没有击掌就出发的组取消比赛成绩。

3. 在沿 S 形路线跑时，脚不能踩到其他菜地，以免破坏菜地。

🔵 场地器材

体操垫 16 块、展板 4 块、土豆叶 40 片、二十八星瓢虫图标 120 个。场地布置如图 12 所示。

🔵 注意事项

1. 游戏开始前对学生进行安全教育。

2. 击掌前应站在起跑线后，避免抢跑。

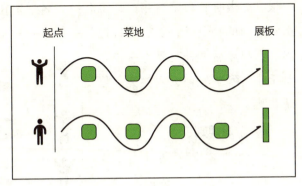

图 12 场地示意图

🔵 拓展建议

1. 可以在土豆叶背后贴多种害虫，教师规定只能取哪种害虫，锻炼学生的眼力，增加游戏的趣味性。

2.可将体操垫当作小河，学生在跑动中需多次跨过小河。

（创编教师：北京市房山区城关小学　周　青）

13 挑大麦

适用年级：3 ～ 4 年级

● 游戏意涵

每年6月，是大麦丰收的季节，金黄的麦穗闪闪发亮。农民伯伯挥汗如雨挑大麦，体现了收获的喜悦。

● 游戏目的

1.发展奔跑能力，发展速度、灵敏等身体素质，提高身体协调性。

2.培养积极进取、不断拼搏的精神及合作意识与能力。

3.培养竞争意识，感受劳动的光荣。

● 游戏方法

将全班学生分成人数相等的4队。在每队起点处放有"大麦"，每队有一根杆。当听到教师口令后，每队第一名学生在杆的两头挑起"大麦"运送到对面的物资处，随后拿杆返回。到起点后把杆交到下一位队友手中。哪队先把大麦挑完，哪队获胜。

● 游戏规则

"大麦"必须要放到指定区域，持物行进时注意安全。

● 场地器材

橡胶杆4根、小体操垫48块。场地布置如图13所示。

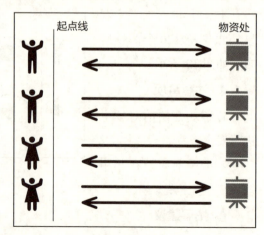

图 13　场地示意图

🔵 注意事项

1. 根据实际情况设置游戏难度。

2. 根据学情合理分组。

3. 提醒学生注意脚下，避免摔倒。

🔵 拓展建议

在"挑大麦"的过程中可适当增加障碍物，以增加游戏的趣味性。

（创编教师：北京市房山区城关小学　段　琼）

14 ▶ 小小儿童团

适用年级：1 ～ 4 年级

🔵 游戏意涵

儿童团在革命根据地创建初期时称劳动童子团，1930 年 12 月后，根据共青团五届三中全会的决定，将劳动童子团改名为共产儿童团。共产儿童团的任务是在共青团的领导下，组织儿童学习文化知识，用儿童喜爱的方式教育儿童拥护苏维埃与红军；开展丰富的文娱活动，维护其正当权益；领导广大儿童参加建设和保卫根据地的各项斗争。共产儿童团的成员大部分都是贫苦百姓家的子女，主要负责站岗、放哨、送信等任务。

🔵 游戏目的

1. 练习穿、绕、跑、爬、跳等，发展协调能力，在玩中练、练中学，提高身体素质。

2. 提高课堂学习兴趣，加强对学生爱国爱党的红色教育。

3. 培养坚持不懈、不怕困难、团结协作、遵守规则、勇敢顽强的意志品质。

🔵 游戏方法

在规定路线上设置五道障碍，将学生分为两组。首先从起点出发"穿越时空"，成为一名儿童团成员，然后完成后面的挑战：穿过树林——"8"字绕过标志桶；爬过雪洞——爬过滚筒，滚筒里放置 2 块体操垫；走过独木桥——保持平衡走过体操砖；跳过沼泽——按路线双脚跳进呼啦圈；穿越时空——身体穿过呼啦圈表示变回少先队员，最后迅速以折返跑的方式跑回队伍，与下一名学生击掌。

🔵 游戏规则

1. 以教师的哨声为"开始"和"结束"号令，计时，看两组用时长短。

2. 从红色跑道出发，从蓝色跑道回来，若跑错跑道则多加 5 秒。

3. 下一名学生要与上一名学生击掌接力后才可出发。

4. 在游戏过程中，若破坏了"战地"，要迅速修好再前进，确保下一名学生的"作战"顺利。

🔵 场地器材

操场、瑜伽垫、体操垫、标志桶、呼啦圈、体操砖。场地布置如图 14 所示。

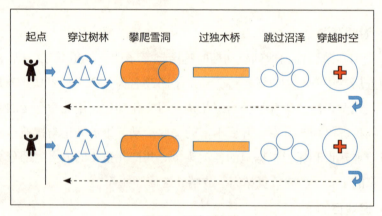

图 14　场地示意图

🔵 注意事项

1. 游戏开始前对学生进行安全教育。

2. 在游戏进行过程中，提示学生按规定完成闯关任务。

3. 在起点线后以斜线的方式站好，避免发生碰撞。

🔵 拓展建议

1. 通过教具创新、情景模拟、任务设置等进行游戏。

2. 高年级可以设计手持"炸药包"（排球）进入战区、放下"炸药包"插上国旗，再穿越回来的游戏情境。

3. 通过时空穿越增强时代感，通过不同音乐强化情境，激励学生的自信和斗志，使游戏更有趣味性。

4. 通过体育游戏锻炼身体，加强红色革命教育，引导学生做到"我动体、我动脑、我动心"。

（创编教师：北京市西城区第八中学附属小学 蔺 敏）

15 勇闯冒险岛

适用年级：1～4 年级

● 游戏意涵

当我国运动健儿登上奥运会领奖台，那一刻他们是多么瞩目。然而在这些光环和荣誉背后，是他们十几年如一日的坚持与付出。他们不断克服困难、勇于挑战、超越自我、为国争光的精神值得我们学习和发扬。

● 游戏目的

1. 发展观察力、判断力及身体灵敏性、协调性和控制身体能力。

2. 培养机智、勇敢、果断、顽强、勇于挑战的意志品质。

● 游戏方法

游戏开始，学生按照规定路线依次从入口出发，到达关卡处迅速做出判断，利用钻或跳的形式通过。同时在行进过程中要跨越沟壑、躲避陷阱，通过所有障碍后从出口位置跑出，完成游戏。

● 游戏规则

1. 学生要按照顺序依次进行闯关。

2. 游戏中被关卡碰到身体或没有跨过沟壑、掉入陷阱时，要原地做 5 次蹲起后再继续闯关。

3. 顺利通过所有障碍为闯关成功。

● 场地器材

直径为 10 米的圆形场地、标志杆、橡皮筋、小垫子、彩色塑料圈。场地布置如图 15 所示。

图 15　场地示意图

● 注意事项

1. 游戏开始前对学生进行安全教育。

2. 场地设计要根据学生的身体素质情况，适当减少或增加关卡，如增减沟壑、陷阱的个数。

● 拓展建议

可根据实际需要，将场地中的设施进行灵活变换。

（创编教师：北京市房山区周口店中心小学　杨　磊）

16　看风使舵

适用年级：1 ～ 6 年级

● 游戏意涵

"看风使舵"的成语出自宋代释普济的《五灯会元》，"看风使舵，正是随波逐流。"本意为根据风向来操纵船舵，比喻看势头或看别人的眼色行事，根据形势的变化而改变方向或态度。在体育教学中，通过创设"看风使舵"的游戏情境，可以培养学生的注意力、观察力和反应能力。

● 游戏目的

1. 发展快速奔跑的运动能力，提高动作的敏捷性和协调性。

2. 提高心肺功能，培养注意力、观察力和反应能力。

● 游戏方法

所有学生面向小方形站在大方形边上，从右至左按顺时针依次喊"1""2"报数。游戏开始，全体学生沿逆时针方向做横跨跳步动作，并同时观察教师，教师击掌发出"啪啪"两声时，报"2"的学生迅速跑进小方形内，报"1"的学生要在报"2"的学生进方形前将其抓拍住。若发出"啪"一声时，则报"1"的学生跑进，报"2"的学生抓拍。

教师在中间转动正方体轮盘，在正方体的四面写上数字或指定的动作，学生根据正方体不同面显示的要求做指定动作。

● 游戏规则

1.按照指定路线和规定动作行走。

2.被抓住或误跑的学生需蹲在小方形里做 1 次开合跳或蹲起。

● 场地器材

空旷安全的场地或篮球场半块、自制正方体转盘（正方体四面写上相应的内容）。场地布置如图 16 所示。

● 注意事项

1.游戏开始前对学生进行安全教育。

2.根据学生人数调整分组，适当提高练习密度。

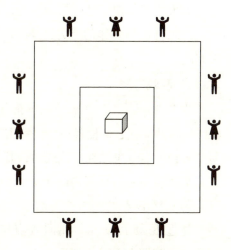

图16 场地示意图

● 拓展建议

1.变换动作方式，如单脚跳或者蹲跳等。

2.变换练习形式，如与数学加减乘除相结合，或者每名学生代表一个字母，组合成英文单词。

（创编教师：北京市房山区城关小学 金 铃）

17 奔跑吧！雪球

适用年级：1 ～ 6 年级

● 游戏意涵

大雪是农历二十四节气中的第 21 个节气。大雪，顾名思义，雪量大。在北方地区，人们会在大雪天打雪仗、滚雪球等。本游戏通过引导学生用人体组合成雪球的形状，以别样的运动形式感受雪天玩耍的乐趣。

● 游戏目的

1. 掌握并改进正向、侧向、后退跑的动作方法。

2. 发展身体协调性、灵敏性等，提高奔跑能力。

3. 培养团结协作的能力，体验游戏的乐趣，激发对二十四节气文化的学习兴趣。

● 游戏方法

在长 25 米、宽 20 米的长方形场地中间位置，划分出一块雪花飘落区（B 区），并在左右两侧各设置一块雪球奔跑区。把学生分成人数相等的两队，每队各选一名学生站在起跑线后，其他学生散点站在 B 区。

教师发令后，B 区内的学生开始随意跑动。起跑线后的学生快速跑向 B 区，与 B 区 A 点处跑出的一名学生手拉手组合成一个雪球，一起跑向往返线，越过往返线后，继续跑回 A 点与 B 区另一名学生组成更大的雪球，跑向起跑线。按照上面的方法反复进行，直至 B 区内所有学生全部组合到本队的"雪球"中，最先完成的队伍获胜。

● 游戏规则

1. 起跑前不得踏线，必须越过往返线后再返回。

2. A 点一次只能跑出一名学生加入"雪球"，"雪球"必须按照规定的路线奔跑。

3. 雪球行进时不能将手松开，如手松开，需在原地拉好手后游戏继续。

● 场地器材

彩色标志条 4 根、标志桶 2 个。场地布置如图 17 所示。

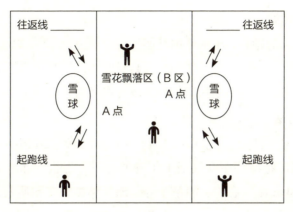

图 17 场地示意图

🔵 注意事项

"雪球"行进时，前面学生行进速度要以后面学生能跟上为宜，避免为追求速度，导致后面学生手松开或为追赶而发生摔倒。

🔵 拓展建议

1. 自然分组时，"雪球"组合的排序，建议把体能好的学生安排在前，体能弱的学生安排在后。同质分组时，体能好的组可适当增加行进距离。在运动量的安排上，遵循运动能力强的学生"吃得饱"，运动能力弱的学生"吃得消"的原则。

2. 游戏时可根据学生掌握的熟练程度，通过变换运动形式，增加游戏难度。如手拉手旋转行进、蹲立行进等。

（创编教师：北京市房山区周口店中心小学　张　萍）

18 ▶ 过年贴福

适用年级：1 ～ 6 年级

🔵 游戏意涵

春节贴福字，是民间由来已久的风俗。民间为了充分地表达人们对美好生活的向往和祝愿，会将福字倒过来贴，表示幸福已倒（到）、福气已倒（到）。

● **游戏目的**

1.养成正确的跑姿，巩固跑的技能。

2.发展速度、灵敏等身体素质，提高身体协调性和奔跑能力。

3.培养积极进取、不断拼搏的精神及合作能力，传承中华传统文化。

● **游戏方法**

将学生分成4组，学生依靠跑动产生的风压将印有福字的纸横贴于胸前，跑到终点后将福字贴在展板上正确的位置，展板上印有若干福字的成语，如"（　）如东海""有（　）同享"等，随后继续快速跑回起点与下一名学生击掌接力。在规定时间内，成功贴福字多的组获胜。

● **游戏规则**

1.跑动中双手不可触碰纸张。

2.纸张中途掉落需返回掉落处捡起纸张继续游戏。

● **场地器材**

长30米、宽10米的长方形场地，展板4块，印有福字的纸张若干。场地布置如图18所示。

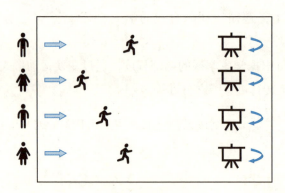

图18　场地示意图

● **注意事项**

1.跑动过程中注意脚下，避免摔倒。

2.根据学生人数调整分组。

● **拓展建议**

1.可与其他学科融合，将贴福字换成拼图纸，最后拼成一幅完整的图案。

2.将福字上印有数字，在展板处有相应的数学算式，将数字贴入正确的计算结果处。

（创编教师：北京市房山区城关小学　刘娅潇）

19 立竿见影

适用年级：1 ~ 6 年级

● 游戏意涵

"立竿见影"成语出自汉代魏伯阳的《参同契》。本意是指在阳光下竖起竹竿，立刻就看到了竹竿的影子。比喻行事能马上看到效果或付出能马上得到收获。多用于描述某种具体措施能立刻见效。

● 游戏目的

1.发展速度和灵敏等身体素质，提高身体协调性和反应能力。

2.培养做事果敢、干净利落、不拖拉的习惯及团结合作意识。

● 游戏方法

将全班学生分成4队，每队8人。比赛开始前，用粉笔在地上画4个大小相同的圆，将体操棒立于圆上，每队学生手扶体操棒站在圆圈外侧。待比赛开始信号发出后，松开手中体操棒迅速向前行进，移动到前面学生的位置，并确保交换位置后体操棒不倒。

● 游戏规则

没有交换到指定位置的或体操棒倒地的视为失败，扣除1分。交换3 ~ 5次为一组比赛。每组比赛以扣分少的组为获胜组。比赛时一名学生不得同时握住两根体操棒。

● 场地器材

边长为15米的平整场地、体操棒32根、粉笔。场地布置如图19所示。

● 注意事项

1.学生之间要注重相互合作。

2. 不能与前面学生发生碰撞，避免发生运动伤害。

图19　场地示意图

● 拓展建议

　　此游戏对 5 ～ 6 年级学生同样适用，可以根据学生人数、场地大小分组进行游戏，也可以根据年级高低、能力差异等分组进行游戏。

（创编教师：北京市房山区城关小学　吕　良）

20 冲破天险

适用年级：5 ～ 6 年级

● 游戏意涵

　　"钟山风雨起苍黄，百万雄师过大江"，渡江战役发生在三大战役之后，此时的国民党军主力大部分已被消灭，残余部队想要依靠长江天险抵御解放军的进攻，而解放军士气高昂，百万之师渡江南下，解放了全中国。

● 游戏目的

1. 了解"百万雄师过大江"的故事，培养爱国情怀。

2. 发展身体的灵敏性、协调性，提高奔跑能力。

3. 培养勇于突破自我、敢于拼搏的精神。

● **游戏方法**

在长 20 米、宽 15 米的长方形场地上，从左到右依次为场地 A、安全区、场地 B。将学生平均分成两组，每组又分成若干小队，分别站在场地 A、场地 B 的边线后，各组分别选 2 名学生站在场地内拦截对方学生。游戏开始后，各组第一小队率先出发，通过奔跑、躲、闪等方式躲过拦截，到达对岸。进攻学生遇到危险情况可以暂时进入安全区，寻找机会再次突破。成功到达对岸的学生为本队积 1 分，被拦截的学生须立刻离开比赛区，回到队尾，紧接着第二小队出发，如此反复进行，积分较多的队伍获胜。

● **游戏规则**

1. 负责拦截的 2 名学生只能拍对方学生的上臂，不能触碰其他部位，否则视为违规。

2. 进攻学生必须在游戏规定的范围内跑动，不得离开游戏区域。

3. 被拍到的学生要迅速离开比赛场地，回到自己队伍，且不能再次参赛。

4. 每位学生最多可进入安全区 3 次。

● **场地器材**

长 20 米、宽 15 米的长方形场地。场地布置如图 20 所示。

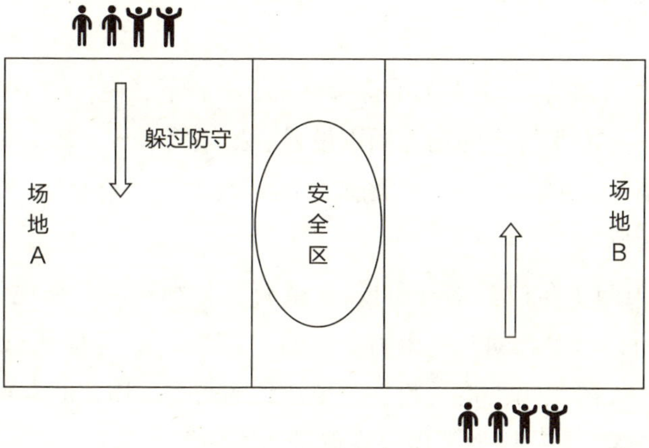

图 20　场地示意图

● **注意事项**

1. 选择安全、平整的场地，游戏前和游戏中都要加强安全提示。

2. 如人数较多，可多分组或缩短练习时间、扩大练习场地。

● **拓展建议**

1. 游戏角色要及时互换，让学生体验不同的角色。

2. 此游戏还可与篮球、足球的运球相结合，提高学生运球能力。

（创编教师：北京小学大兴分校亦庄学校　刘月新）

21 草原骑手

适用年级：5～6年级

● **游戏意涵**

骑马是藏、蒙等少数民族的一项重要活动，它代表着力量、勇敢与智慧。凡是大型的节日，骑马都是必不可少的。

● **游戏目的**

1. 提高奔跑能力、发展身体协调性。

2. 培养勇敢顽强的精神，养成积极思考的习惯。

● **游戏方法**

本游戏包括两个角色：骑手和野狼。骑手有4组，每组6～8人，野狼有4～6人。

用海绵棒当"马"，学生单手持海绵棒放于胯下，模仿骑手骑马动作。

在约20～30平方米的场地周围设置少量帐篷区域，作为骑手的家，骑手可以在家休息以躲避狼群。在场地中间区域设置"狼窝"，狼把被困的骑手带回到"狼窝"。

游戏分为两个阶段，第一阶段：4组骑手分别在多个帐篷间自由骑行。第二阶段：听到口令，随机一组骑手被困于"狼窝"，等待其他组骑手营救。在规定时间内，野狼出去追逐骑手，被抓到的骑手（用拍的方式）不能抵抗要被带回"狼窝"，其他骑手需要在躲开"野狼"袭击的同时，用击掌的方式救出被困在"狼窝"的骑手。骑手可以进入帐篷，临时躲避野狼。

● **游戏规则**

1. 保持海绵棒在胯下的骑手姿势，如果海绵棒掉落，则需迅速调整回位再继续游戏。

2.营救骑手时，骑手被拍击就丧失跑动能力，直到被营救之后才能恢复跑动。

3.游戏结果按规定时间内营救骑手的人数计算骑手组的成绩。

● **场地器材**

20～30平方米的平整场地、海绵棒若干、帐篷的提示标志物。场地布置如图21所示。

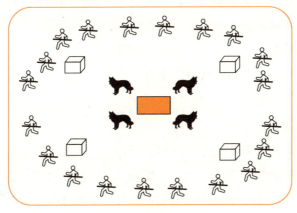

图21　场地示意图

● **注意事项**

1.在跑动过程中不要低头，避免相互碰撞，发生危险。

2.场地和人员数量要适度，避免拥挤。

● **拓展建议**

1.游戏安排循序渐进，等学生熟悉掌握跑动与转身动作之后再进行。

2.可以根据实际增加或者减少帐篷的数量。

3.可设置骑手队长，后面学生根据队长的动作进行动作模仿练习。

4.可设置多样的骑马路线，以调整游戏难度。

（创编教师：北京小学大兴分校亦庄学校　房铁柱）

22 南囿围猎

适用年级：3～4年级

游戏意涵

南囿是位于北京城南的南苑，又叫南海子。南囿地势低洼、水系丰富，是巡游打猎、练兵的最佳地点。据记载，南海子飞禽走兽很多，清康熙帝在位期间，在南苑举行的围猎乐舞活动多达 132 次。到清乾隆帝时期，行围狩猎已成为一种典制。

游戏目的

1. 发展耐久跑能力和团队协作能力。
2. 培养民族自豪感。

游戏方法

将学生平均分成 4 组，其中 1 组为"猎人"，其余 3 组为"麋鹿"，穿好分组背心。游戏开始后，"猎人"追击"麋鹿"，"麋鹿"可奔跑躲避或躲到"山洞"（篮球场中间的两个限制区）中。"猎人"不能进入"山洞"狩猎，除非所有"猎人"手拉手联合起来。两只"麋鹿"拉手联合则可反击"猎人"，两"猎人"拉手则可反击联合的"麋鹿"。规定时间内，捕获的猎物多的组获胜。

游戏规则

1. 若"猎人"触碰到"麋鹿"，则代表狩猎成功，把"麋鹿"带到球场中间的"鹿圈"中。

2. 若两只"麋鹿"联合反击，其中任何一只触碰到"猎人"，则该"猎人"淘汰。

3. 所有"猎人"手拉手联合，可以追击区域内的任何"麋鹿"，但只要有一人松开，就不能追击躲在"山洞"里的"麋鹿"。

4. 游戏中的相互追击以触碰躯干和手臂为动作要点，超出范围的推搡、拉拽等违规动作无效。

场地器材

划线清晰的篮球场 1 块。场地布置如图 22 所示。

图 22　场地示意图

● 注意事项

1. 游戏过程中触碰到就算被抓到，严禁推搡、拖拽等危险动作。

2. 根据学生人数调整分组，适当提高练习密度。

● 拓展建议

1. 可设置裁判角色——"捕头"，处理游戏过程中的争议。

2. 可设置"复活"环节，"麋鹿"可以救出被捕的同伴，"猎人"淘汰后可与淘汰他的"麋鹿"交换角色，游戏继续进行。

（创编教师：北京亦庄实验小学　韩　超）

23 南昌起义

适用年级：3 ~ 6 年级

● 游戏意涵

1927 年 8 月 1 日凌晨两点，南昌起义爆发。由周恩来、贺龙、叶挺、朱德、刘伯承等率领的共产党掌握或影响下的北伐军两万多人，在南昌宣布起义。砰！砰！砰！三声枪响，向隐藏在北伐军中的起义军发出了战斗的命令，战士们大喊"河山统一"的口令，胸前系着红领巾、左臂扎着白毛巾，朝各自目标发起了攻击。经过四个多小时的激烈战斗，起义军占领了整个南昌城。南昌起义拉开了武装反抗国民党的大幕，标志着中国共产党创建人民革命军的伟大开端。

● **游戏目的**

1.发展反应能力、下肢爆发力和快速奔跑能力。

2.了解南昌起义的过程，培养爱党爱军的情怀。

● **游戏方法**

1.所有学生间隔至少一臂距离，围成一个大圈模拟"蓝军"，相互之间都不清楚谁是"红军"。

2.游戏开始，教师说出一个部分学生具有的特征，比如"穿白鞋子的"。有这些特征的学生就化身有特殊标记的"红军"。紧接着教师连吹三声哨，"红军"如同听到打响的三声枪响，迅速去追击没有该特征的其他学生，直至抓到所有的"蓝军"，即宣告胜利。教师再集合宣布下一个"红军"特征，游戏重新开始。

3.可以由学生闭上眼睛，由教师触摸特定学生作为"红军"。

● **游戏规则**

1."红军"必须听到三声哨响后才能出击，否则行动无效。

2.具有某种特征的学生在一定区域内奔跑抓捕，没有该特征的学生被触碰到，则退出游戏。

3.若抓错人，则双方均被淘汰。

4.以触碰作为抓捕动作，不得用推搡、拉拽等危险动作。

● **场地器材**

平整的场地1块。场地布置如图23所示。

图23　场地示意图

● **注意事项**

1.在游戏过程中严禁推搡、拖拽等危险动作，奔跑时要注意安全。

2.教师每次说出的特征尽量有明显区分度，比例应该低于全部学生的一半。随着游戏深入，比例可以越来越低，要根据当时学生的情况随时调整。

◉ 建议拓展

1. 游戏准备阶段（宣布特征之前），学生可以由站变成蹲、坐、卧或起跑等姿势，也可以进行其他身体练习。

2. 可在区域内设置体操垫、呼啦圈、标志碟等掩体，增加抓捕难度。

（创编教师：北京亦庄实验小学　韩　超）

24　龙飞凤舞

适用年级：5 ~ 6 年级

◉ 游戏意涵

舞龙是我国汉族传统民俗文化活动之一。舞龙时，龙跟着绣球做各种动作，不断地展示扭、挥、仰、跪、跳、摇等多种姿势，以此来祈求平安和丰收。

◉ 游戏目的

1. 发展上肢力量、协调性、平衡能力等。

2. 培养团结合作、互相帮助的团队精神。

3. 培养民族精神和文化自信。

◉ 游戏方法

将学生分为人数相同的两组，每组的第一名学生双手举龙头，其余学生依次保持一臂间距，队伍沿着篮球场有序跑动。每组第一名学生出发后，第二名学生紧跟其后。龙头在跑动过程中上下左右的起伏，龙身跟随龙头依次摆动。

◉ 游戏规则

1. 龙身要跟随龙头依次完成动作，如果不能完成即视为失败。

2. 在两组同学保持初始间距的情况下，如果第一组的龙头与第二组的龙尾相遇则第二组获胜。

◉ 场地器材

平整的场地 1 块。场地布置如图 24 所示。

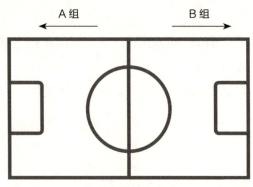

图24　场地示意图

◉ **注意事项**

1. 场地的选择可根据学生人数进行合理调整。

2. 龙身的学生要始终保持适宜的距离。

3. 龙头的学生动作转换不宜过快。

◉ **拓展建议**

1. 在舞龙动作熟练的基础上增加脚下步伐动作。

2. 本游戏可与耐久跑相结合，发展学生的奔跑能力。

（创编教师：北京亦庄实验小学　杨　帆）

第四部分

跳 的 游 戏

25 跳房子

适用年级：1～2年级

● 游戏意涵

"跳房子"游戏始于清代，是典型的民间传统体育活动之一。它集趣味性、娱乐性、挑战性于一体，深受广大少年儿童的喜爱，又称"造房子""跳方阵""跳方格"。它不仅能提高学生跳跃、奔跑和保持身体平衡的能力，还能培养学生锻炼身体和团结协作的意识。

● 游戏目的

1. 了解民间传统体育文化，提高跳跃能力。

2. 发展速度、力量、灵敏等身体素质。

3. 培养勇敢、果断、勇于克服困难的品质及集体荣誉感与合作精神。

● 游戏方法

将学生平均分成3～4组。游戏开始，各组第一名学生将沙包抛向地面指定区域，接着用脚把沙包夹到一层，然后单脚跳到一层，再把沙包夹到二层。以此类推，直到把沙包夹到"房顶"。在"房顶"区域接包，然后投向"地面"指定区域，单脚跳到达，夹包给第二名学生。第二名学生把沙包投向第一层接力，单脚跳到达。接着用脚把沙包夹到第二层，直到"房顶"区域接包投向"地面"，单脚跳到达，夹包给第三名学生。以此类推，直到最后一名学生把沙包抛向"房顶"，接住沙包投向"地面"，在"地面"区域接住沙包完成挑战，用时少的小组获胜。

● 游戏规则

1. 用脚的前半部分夹住沙包，夹包时脚不能出格，不能踩到线。

2. 将沙包夹到或投至相应的数格内，否则要用脚夹到相应的数格内，直至完成任务。

3. 按规定的方式接包。

● 场地器材

彩色胶带若干、沙包若干、篮球场或足球场1

图25 场地示意图

块。场地布置如图 25 所示。

● 注意事项

1.每组人数不宜过多，以与画好的房子格数相对应为宜。

2.房子的每层间距相等，根据学生的实际情况进行适当调整。

● 拓展建议

1.增加房子的层数，变换接包的方式，由前接包换成后接包。

2.设置不同颜色、不同形状的格子，摆成各种图形，创新练习形式。

（创编教师：北京市房山区周口店中心小学　黄战丽）

26 数字跳房子

适用年级：1 ~ 2 年级

● 游戏意涵

本游戏将数学知识与"跳房子"游戏相结合，改变以往的游戏方法，让学生在九宫格中按要求完成跳跃，激发学生的学习兴趣，实现跨学科融合。

● 游戏目的

1.发展单、双脚跳跃能力，增强下肢力量及身体的灵活性和协调性。

2.培养勇于挑战、拼搏进取的意志品质及对传统文化和游戏的热爱。

● 游戏方法

2 人一组，一人出题、另一人跳，出题学生随意说出一道加减法的数学题，跳房子的学生根据题目用单（双）脚分别跳到对应的数字格，并计算出结果，然后回到起点继续游戏。

● 游戏规则

1.两人通过"猜丁壳"的方式分出角色，赢的同学可先选"出题"或"跳房子"。

2.踩线、跳错格子或者算错结果视为失败，并需完成 5 次蹲起，然后两人互换角色，游戏继续。

3. 连续完成 5 次正确计算后，两人互换角色。

● **场地器材**

边长为 2 米的正方形平整场地、彩色贴纸、黑色胶带。场地布置如图 26 所示。

	−	=	+	
+	1	2	3	−
=	4	5	6	=
−	7	8	9	+
	+	=	−	

图 26　场地示意图

● **注意事项**

1. 游戏开始前对学生进行安全教育。

2. 格子的大小要根据学生的跳跃能力进行设定。

● **拓展建议**

1. 可打乱数字顺序，增加游戏难度。

2. 可在加减的基础上增加乘除，进行混合运算，让 3 ~ 4 年级学生也参与游戏。

3. 可将数字改变成二十四节气名称，同时改变场地形状，让学生边唱二十四节气歌，边通过挑战、接力等形式进行游戏。

（创编教师：北京市房山区周口店中心小学　杨　磊）

27 脚上生花

适用年级：1 ~ 4 年级

● **游戏意涵**

踢毽子是我国民间传统体育项目之一。根据史料记载和出土文物证明，踢毽子起源于汉代，盛行于唐宋，在民间流传极广，宋代集市上还出现了专门售毽子的店铺，明代开始有了正式的踢毽比赛。清代时期，毽子的制作工艺和踢法技术都达到了空前的程度。时至今日，踢毽子已成为大众喜闻乐见、开展非常普遍的一项运动。

● **游戏目的**

1. 活动关节，发展柔韧性、灵敏性和平衡能力。

2.传承中华优秀传统体育文化。

● 游戏方法

一锅底，二锅盖，三酒盅，四牙筷，五钉锤，六烧卖，七兰花，八把抓，九上脸，十打花。说一句，踢一下，做一个动作让踢起的毽子依次落在：伸直的手心里、伸直的手背上、五指窝成的"酒盅"里、伸直的两指（中指、食指）上、握紧的拳头上、撮起的手掌中、手指有曲有伸的"兰花瓣"上、抓取的手心中、仰着的脸颊上、跳起的一脚上。踢得多者为胜利者。

● 游戏规则

1.按照口诀顺序依次完成踢和接。

2.三人一组轮流进行比拼。

● 场地器材

平整的场地 1 块、毽球 15 个。场地布
置如图 27 所示。

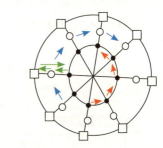

图 27　场地示意图

● 注意事项

先练习，再比赛。

● 拓展建议

吟唱"里和，外拐，漂洋，过海"八个字，依次踢八下。其中唱"里、外、漂、洋、过"五个字时用正脚各踢一下，唱"和"时用反脚向内踢一下，唱"拐"时用反脚向外踢一下，唱"海"时打一个跳。循环进行，看谁踢得多。

（创编教师：北京亦庄实验小学　余鹏飞）

28　踏竹追梦

适用年级：1～6 年级

● 游戏意涵

跳竹竿是我国黎族、傣族等少数民族的一项重要的体育活动，两人手握竹竿两端有节奏地进行来回敲击，舞者在敲动的竹竿间轻快地来回穿梭舞

蹈。跳竹竿极具趣味性和挑战性，而且简单易学。它不仅能开阔学生视野，使学生在游戏中享受美、创造美，还可帮助学生了解民族文化。

● 游戏目的

1. 掌握跳竹竿的基本节奏和动作，跳竹竿时动作协调、合拍。

2. 发展弹跳能力、身体灵敏性和协调性。

3. 培养勇于挑战的优良品质，感受跳竹竿的乐趣。

● 游戏方法

在平整场地上，用竹竿摆出两组练习场地。把学生分成人数相等的两队。教师发出口令后，学生两人一组面对面各握竹竿的两端，打竿的节奏为两种，第一种是"开开一合合"，第二种是"开一合一开一合一开开一合合"。所有学生轮流尝试两种不同的节奏，等大家对两种节奏都较熟悉后，进行整合练习，先由一人跳竿，再过渡到多人跳竿。

● 游戏规则

1. 跳竿的学生只能从固定的一侧进入，从另一侧退出，不能反向进行，开始时可以用试探步，不必完全跳进竹竿。

2. 跳竿的学生叫停时，所有打竿人员同时喊"嘿嘿"完成最后两次打竿，然后停止。

3. 打竿节奏不可过快，打竿学生在发现跳竿学生出现节奏混乱时，应立即停止，如教师喊停，也应立即停止。

● 场地器材

长竿4根、短竿4根、彩色胶带1卷。场地布置如图28所示。

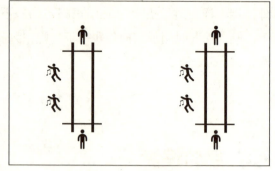

图28　场地示意图

● 注意事项

1. 按学生年级设置游戏难度。

2. 根据学生人数调整分组，适当提高练习密度。

3 提醒学生注意脚步，防止夹脚或崴脚。

拓展建议

可结合跨栏项目，将跳竹竿改为障碍跑。

（创编教师：北京市房山区周口店中心小学 李志伟）

29 童谣跳皮筋

适用年级：1 ~ 4 年级

游戏意涵

跳皮筋是我国民间传统体育游戏之一，因其跳的方式多样，趣味性较强，不受场地、人员、时间的限制等而深受广大少年儿童喜爱。把跳皮筋游戏和民间具有爱国、好学思想的童谣巧妙地结合在一起，符合学生活泼好动的特点，不仅能很好地发展学生的跳跃能力，提高身体的协调灵敏性，还能让学生在边唱边跳中感受中华传统文化。

游戏目的

1.学会基本的点、跳、钻、翻、踩等跳皮筋方法，并能够边唱边跳。

2.发展身体的协调性与灵敏性，增强腿部力量。

3.体验合作游戏的快乐，加深对民间体育游戏的认知。

游戏方法

根据学生情况分组，每6人为一大组，3人为一小组，每小组1人撑皮筋，其余1人根据教师讲授和动作编排做出相应点、跳、钻、翻、踩的动作。

按照教师要求，一边唱童谣《大公鸡喔喔叫》《学习李向阳》，一边进行点、跳、钻、翻、踩的跳皮筋练习。每完成一组进行轮换，以动作连贯、流畅、率先完成为判定胜负标准。

游戏规则

1.小组内有人跳错动作要重新开始。

2.动作连贯、交换撑皮筋顺序正确为挑战成功。

3.小组内可以自行商议位置顺序。

● **场地器材**

长皮筋 5 根。场地布置如图 29 所示。

● **注意事项**

1. 游戏开始前先让学生熟悉一些简单的民间童谣，如《大公鸡喔喔叫》《学习李向阳》等。

2. 游戏中注意安全，避免被皮筋缠绕，小组合作配合协调，对于小组中协调性较差的学生，小组成员应多鼓励、帮扶。

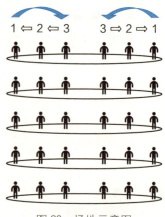

图 29　场地示意图

● **拓展建议**

游戏中教师可以根据童谣节奏，对点、跳、钻、翻、踩的跳皮筋动作进行不同方式的编排。例如，以每一大组为单位变队成圆形，全班合作完成一首童谣《马兰花开》的跳皮筋练习。最外圈学生一边撑皮筋一边和第二圈学生按节奏拍手，第二圈学生边拍手，边进行点、跨的跳皮筋练习，一个小节后顺时针移动到下一根皮筋，最内圈学生进行点、跨的跳皮筋练习，一个小节后逆时针移动到下一根皮筋，在音乐间歇的时候进行轮换。

（创编教师：北京小学大兴分校亦庄学校　刘禹晨）

30　欢乐跳跳跳

适用年级：1 ～ 2 年级

● **游戏意涵**

跳跃是人体的基本运动技能，在日常生活、生产劳作、体育娱乐中，跳跃是最基本的动作方式之一。民间传统游戏如跳皮筋、跳房子、跳牛皮鼓、跳竹竿等，是低年级学生进行跳跃练习的重要方式，深受学生喜爱。将跳跃游戏和数学、音乐学科相融合，可以提升学生的学习兴趣。

● **游戏目的**

1. 学会在数字"毯"上进行各种方式的跳。

2. 发展身体的协调性与灵敏性，锻炼腿部力量。

3. 提升热爱学习、热爱体育运动的兴趣，体验游戏的快乐。

● 游戏方法

将学生分为 4 队，每名学生面前放置一块数字"毯"，学生根据游戏规则做出相应动作。动作正确即挑战成功，出现错误则停止动作，坐在"毯"上则下一环节时复活。

教师报数，学生采用跨跳的方式连续跳入相应数字区域。游戏刚开始时，教师可以报三位数，如 123、143 等。熟练后可增加难度，报四位数，如 12453、15342 等。

● 游戏规则

1. 必须用正确的动作踩到对应的数字区域。

2. 每个挑战任务出现错误即为失败，成功率高的队获胜。

● 场地器材

每人一块数字"毯"，如果没有数字"毯"，可以在地上画线代替。场地布置如图30左边所示，数字"毯"如图30右边所示。

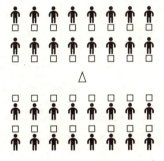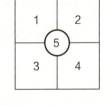

图 30　场地示意图

● 注意事项

1. 游戏前进行充分热身，活动好踝关节。

2. 根据学生人数调整分组，适当提高练习密度。

● 拓展建议

1. 先由教师下口令进行练习，熟练后可以以小组的形式进行练习，指定小组长下口令。

2. 组内可以进行比赛，由跳错的学生下口令。组间也可以进行比赛，比完成的正确率和速度。

3. 熟悉后可以采用多种练习方法。

4. 采用并脚连续跳到相应数字区域的方式，每个数字区域跳两下，如

11223355、44335511 等。也可提高难度，每个数字跳一下，如 132、351 等。

5. 可以采用不同方式的跳完成一段乐章，如 123455、543211，边跳边哼唱。

6. 将学生分成 4 队，把数字"毯"连成一排，学生自创动作，可以采用不同方式的跳，如双数双脚跳、单数单脚跳、只跳双数、开合跳等。

（创编教师：北京小学大兴分校亦庄学校　刘禹晨）

31 步步为营

适用年级：3 ～ 4 年级

游戏意涵

三国时期，黄忠（蜀国）带领人马挑战定军山的守将夏侯渊（魏国），双方各派数千人马，蜀军小败。事后黄忠听了法正的计谋，谨慎行军，步步为营，夏侯渊得知后感到烦躁和惧怕，轻率出击，吃了败仗，黄忠的军队顺利夺取了定军山。

游戏目的

1. 了解"步步为营"的成语典故，增强历史文化素养。

2. 发展跳跃能力，提高预判能力和应变能力。

3. 培养竞争意识和团队合作精神。

游戏方法

将学生分成"蜀国"和"魏国"两支军队。两队面对面布兵准备，冲锋号响起后，"蜀国"和"魏国"两军先锋发起交战（排头双脚逐格向前跳跃），经过"搏斗"（当两人跳到紧邻的格子上时，双方进行"猜丁壳"游戏决出胜负），胜者占领营地并俘虏敌军（胜者带负者一同回胜者阵营），最终双方所有人站到哪一方，则哪一方为最终胜利方。

游戏规则

1. 双脚跳跃过程中，如踩到格子边框需原地再跳 1 次后再继续前进。

2. 前一组结束比赛后，下一组再开始。

3. 面对面跳时不能双方跳到同一个格子内。

● **场地器材**

长方形场地 1 块、绳梯 4 条。场地布置如图 31 所示。

图 31 场地示意图

● **注意事项**

1.掌握好跳跃距离，注意安全。

2.注意观察前方，避免发生冲撞。

● **拓展建议**

1.为增大运动强度，可进行单脚跳跃或增加格子的个数。

2.为提高应变能力，可投币决定哪一组先跳，对面组进行对称模仿跳。例如，先跳组双脚向前跳方向向左，对面组就要双脚向前跳方向向右。如模仿一方未出现失误，则跳到邻格时进行"猜丁壳"游戏决定胜负。

（创编教师：北京小学大兴分校亦庄学校　支　鑫）

32 龟兔赛跑

适用年级：5 ～ 6 年级

● **游戏意涵**

龟兔赛跑是一则耐人寻味的寓言故事，故事中塑造了一只骄傲的兔子和一只坚持不懈的乌龟。开始比赛后，兔子飞快地跑着，乌龟拼命地爬，不一会儿，兔子已经领先乌龟很大一段距离了。兔子认为比赛太轻松了，它要先睡一会儿。而乌龟一刻不停地爬，当兔子醒来时乌龟已经到达终点了。这个故事说明：1. 不可轻视他人。2. 虚心使人进步，骄傲使人落后。3.要踏踏实实地做事情，不要半途而废，坚持不懈才会取得成功。

● **游戏目的**

1.发展上下肢协调配合能力，提高判断力和反应速度。

2. 培养坚持不懈、目标专一的精神。

3. 了解"龟兔赛跑"的故事，提升文化素养。

● 游戏方法

所有学生分成 4 组，分别站在两边起点，每边两组。四组学生同时出发，脚套呼啦圈小碎步前进，学小乌龟控制前进速度，到达中间的终点线位置后，学生两两用脚跳进行"猜丁壳"游戏，赢了的同学在前，输的同学在后，分别手握体操棒于体侧，学小兔子蹲跳，跳回赢的学生的队伍。最后哪两支队伍的人多，完成比赛用时少即获胜。

● 游戏规则

1. 以教师的哨声为"开始"和"结束"信号。

2. 双脚站在呼啦圈里，以小碎步向前移动，不能迈出圈外。

3. 小兔子跳回时，赢的学生在前，输的学生在后，保持安全的跳跃距离。

4. 比赛学生返回起点后，下一组学生才能出发。

5. 如果"猜丁壳"游戏第一局平局，则可以采用三局两胜制。

● 场地器材

操场、呼啦圈 28 个、体操棒 14 个。场地布置如图 32 所示。

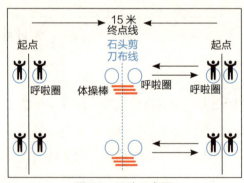

图 32 场地示意图

● 注意事项

1. 赛前对学生进行安全教育，要求学生遵守规则。

2. 培养学生的团队意识，提示在游戏中互帮互助。

● **拓展建议**

可以在途中设置障碍，进行障碍走和障碍跳。

（创编教师：北京市西城区第八中学附属小学　蔺　敏）

33 喜闻乐"毽"

适用年级：3～4年级

● **游戏意涵**

毽子起源于我国。宋代高承在《事物记源》一书中对踢毽子有较详细的记载："今时小儿以铅锡为钱，装以鸡羽，呼为毽子，三四成群走踢，有里外廉、拖抢、耸膝、腆肚、佛顶珠等各色。"由此可见，踢毽子是我国古代儿童喜闻乐见的游戏方式。

● **游戏目的**

1. 提升"踢—传—接"的踢毽技能，掌握距离感，提升身体的协调性及灵敏性。

2. 通过游戏感受踢毽子的乐趣，培养规则意识。

3. 提升团队互动和合作交流的能力，在童谣中传承中华传统体育文化。

● **游戏方法**

1. 悦动"毽"身。

学生运用全身各处，探索毽子的多种玩法，如头顶毽子、脚踢毽子、手抛毽子等。

2. 喜闻乐"毽"。

第一轮，2人一组，一个人打招呼"你好，XXX"，用脚踢毽子给对方，对方接到毽子，回应"你好，XXX"。

第二轮，教师教踢毽子童谣，学生8～10人一组，自由穿梭，一边一起背诵童谣，一边传递毽子。其中一人踢毽子给另一人，另一人调整位置、距离接毽子。在游戏过程中，如果毽子掉了，可以拿起来继续传递。整个过程中将踢毽子和唱童谣结合在一起，感受踢毽子、背童谣的快乐。

童谣内容：一人踢，俩人踢，三五七人都来踢。踢给我，踢给你，踢得毽子没脾气。忽高踢，忽远踢，踢歪踢斜水平低。飘向东，飞向西，踢飞毽子再捡起。力不匀，接不及，前倾后仰笑嘻嘻。动腰身，畅呼吸，踢踢毽子练身体。

● **游戏规则**

1. 在打招呼游戏中，先叫出对方的名字，和对方打招呼，再把毽子踢给对方，不要随意把毽子踢给其他人。

2. 教师要事先教学生背诵踢毽子童谣。

3. 在传递毽子过程中，主要通过学生的眼神来传递信息，了解下个被传递毽子的人是谁，进而让毽子在多人之间传递。

● **场地器材**

空旷的场地 1 块、毽子 30 个。场地布置如图 33 所示。

图 33　场地示意图

● **注意事项**

1. 提醒学生穿运动服，游戏过程中不要争抢，可以进行多次尝试。

2. 拿起时毽子底部向上，防止戳伤眼部或身体其他部位。

3. 不要拿毽子用力打其他同学，防止受伤。

4. 毽子数量根据学生人数决定。

● **拓展建议**

可结合不同的项目进行游戏。创新毽子礼仪操，进行中华毽表演。

（创编教师：北京亦庄实验小学　许　韵）

34 花篮献党

适用年级：3～6 年级

● **游戏意涵**

"编花篮"是一种在民间广泛流传的传统体育游戏，深受儿童喜爱。此游戏结合建党节活动，创编出有意义的花篮游戏，向党的生日献礼。引导学生从小"听党话、感党恩、跟党走",争当新时代好少年。

🔵 游戏目的

1.提高用手肩相搭、手脚相搭、腿腿相搭的搭建花篮的能力。

2.发展下肢力量、平衡能力,提高身体灵敏性和协调性。

3.培养良好的合作意识和创新能力,以及集体荣誉感和爱国主义精神。

🔵 游戏方法

在场地上用标志贴贴出"100"的图案。把学生分成人数相等的三队,分别成一路纵队站在开始线后。

教师发令后,各队采用"手脚相搭"(单腿支撑,前/后面学生单手抓住后/前面学生摆动腿的脚腕)的动作方法搭建好"1"字形花篮,随后唱着根据"编花篮"儿歌创编的儿歌向前跳跃。各队第一名学生到达转换线后,带领队伍在本队场地中心完成"1"字形花篮向"0"字形花篮转换。队形转换完成后,学生在一遍儿歌的说唱中,完成原地或逆时针转动跳跃。随后采用"腿腿相搭"(手拉成圆圈,摆动腿后摆搭在相邻学生后摆腿的脚腕或小腿处。依次进行,直至所有学生的腿搭在一起,完成单腿支撑)的方法,重新搭建好"0"字形花篮,在一遍儿歌的说唱中,完成原地或逆时针转动跳跃。按照完成游戏的先后顺序,排列比赛名次。

🔵 游戏规则

1.开始前,各队第一名学生必须站在开始线后,不得踏越。

2.各队必须按照统一规定的动作方法进行游戏,中途如花篮散开,需在原处重新搭建好后再继续。

3.每队允许 1～2 名学生采用"手肩相搭"的方法进行游戏。

🔵 场地器材

音响设备、不同颜色的标志贴若干。场地布置如图 34 所示。

🔵 注意事项

1.在游戏中,要特别注意跳跃节奏的一致性,如果出现个别学

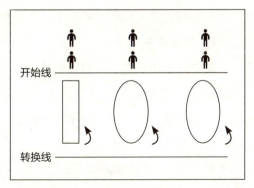

图 34 场地示意图

生身体失去平衡的情况，应提醒相邻学生及时帮扶或松开手脚，以防摔倒，造成危险。

2.分组时要充分考虑学生的体能差异，进行合理分组。

● 拓展建议

1.游戏时可选择传统编花篮儿歌或结合教学情境进行儿歌创编。

2.在搭建花篮的形状上可以进行拓展，如搭建数字、字母、简单的汉字等。

3.丰富游戏评价内容，如搭建花篮的创新意识等。

（创编教师：北京市房山区周口店中心小学　张　萍）

35　木兰秋狝

适用年级：5～6年级

● 游戏意涵

清代康熙皇帝为了锻炼八旗子弟的骑射能力，开设"木兰围场"进行射猎活动，每年9月都会在此行围狩猎，史称"木兰秋狝"。

● 游戏目的

1.了解"木兰秋狝"的历史故事，加深对狩猎文化的认知。

2.发展手臂力量、腿部力量和身体协调性，提高投准能力和空间感。

3.培养竞争意识和团队合作精神，充分发挥个人才智和集体智慧。

● 游戏方法

将全班学生分为4个组，每组5人，每组第一名"猎手"骑在"马"上（由第二名学生背起第一名学生）站在起点线后。游戏开始，"猎手"开始骑"马"寻找"狩猎"目标，找准时机进行"狩猎"（保持背的动作跑动20米进行掷物击准），每击中一次"猎物"算成功"狩猎"一次，每次击中或击不中都要"下马"捡起掷物，在"下马"位置继续"骑马"返回，返回后"猎手"站队尾，"马"变为下一组"猎手"，队伍中后一名学生当"马"，依次进行，最先成功"狩猎"5次的组获胜。

🔵 游戏规则

1. 在起点线后进行轮换，按队伍顺序依次进行。

2. 在狩猎过程中，除捡掷物时可"下马"，其他时间一律在"马"上。

3. "狩猎"过程中如失误"下马"，需在原地调整好骑"马"状态后继续游戏。

🔵 场地器材

平整开阔的场地1块、沙包4个、标志桶（带配重）4个、彩色胶带1卷、动物图像4张。场地布置如图35所示。

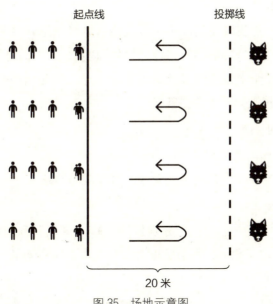

图 35　场地示意图

🔵 注意事项

1. 游戏前充分热身，提高安全意识。

2. "骑马"学生要握住配合学生的肩部，以保持稳定和平衡。

3. 注重团队协作，相互配合。

🔵 拓展建议

1. 结合情境，在"骑马"寻找"猎物"过程中可以设置"树""草"等障碍。

2.结合情境，在"猎物"前设置小于"猎物"面积的障碍物，如"草""石头"等。

3.结合情境，将"猎物"设置为移动的。

（创编教师：北京小学大兴分校亦庄学校　支　鑫）

36 猫抓老鼠

适用年级：3～4年级

● **游戏意涵**

"猫抓老鼠"是我国民间故事。传说猫和老鼠原是好朋友，玉皇大帝要选十二属相，老鼠怕猫抢头名，就劝猫尽管睡觉，出发的时候叫它。结果，老鼠没有叫猫，自己跑去抢个头名。猫醒时，十二属相已经选过了，猫没被选上。从此猫恼恨老鼠，见老鼠就抓。

● **游戏目的**

1.提高快速移动能力和反应能力。

2.培养诚实守信的品质与公平竞争、遵守规则的意识。

● **游戏方法**

3人一组，协商分配角色，分别扮演"猫""老鼠"和"判官"，用3个标志桶摆放成等边三角形，每边长度为3～5米，猫和老鼠只可在三角形外围跑动。在规定时间（1分钟）内，"猫"能碰到"老鼠"身体则"猫"获胜，反之则"老鼠"获胜，"判官"要仔细观察游戏追捕过程中是否有人犯规并评判胜负，三人进行角色轮换后重新开始游戏。

● **游戏规则**

1.游戏开始前须在指定位置准备，追捕过程中只需触碰，不可有拉拽动作。

2."猫"和"老鼠"只能绕标志桶外侧跑动，如果从内侧穿过则视为犯规并判负。

3.每组内的胜负者继续挑战其他组的胜负者，进行多轮比赛。

● **场地器材**

标志桶若干、秒表 1 块。场地布置如图 36 所示。

图 36　场地示意图

● **注意事项**

1.调整三角形障碍物距离或游戏时间，调整运动强度。

2."判官"进行报数计时和游戏过程的胜负判定，要求公平公正。

● **拓展建议**

1."判官"给出信号后，"猫"和"老鼠"进行角色互换，以增加游戏的趣味性。

2.可在"猫"和"老鼠"的追逐过程中增加篮球或足球的运球动作。

（创编教师：北京亦庄实验小学　石少锋）

37　田忌赛马

适用年级：3～6 年级

● **游戏意涵**

田忌赛马是战国时期的典故。齐国大将田忌非常喜欢赛马，但屡屡失败，他府上的贵宾孙膑得知此事后便向田忌献策。比赛前田忌按照孙膑的主意，用下等马与齐王的上等马比赛，用自己的上等马与齐王的中等马比赛，最后用中等马与齐王的下等马比赛。结果田忌以二比一赢了齐王，从未输过比赛的齐王目瞪口呆。当得知田忌的胜利不是因为有更好的马，而是用了计策后，齐王恍然大悟。

● **游戏目的**

1.发展爆发力和心肺耐力，提高团队协作能力。

2.加深对典故"田忌赛马"的理解，培养思维能力和随机应变能力。

● 游戏方法

将学生平均分成 2 组，两组学生各成一路纵队站于跑道中的一道，且两组隔道站立。比赛开始，两路学生先开始慢跑，裁判员（可为教师）在两路纵队的前面中间位置举旗当作终点，裁判哨响后，每组最后面的两名学生快速出队，分别从各自队伍的右侧跑道（"快车道"）快速跑至终点。先撞线的组获胜，得 3 分，同时撞线算平局，每组各得 2 分，失败的得 1 分，得分高的小组获胜。

● 游戏规则

1. 两组学生各成一路纵队站在跑道中，要求跑动中前后拉开间距，且做到前后对正、左右标齐。

2. 两路纵队在跑道中隔道站立，把各自路队的右侧跑道作为比赛的"快车道"。

3. 撞线后，两路纵队最前面的学生当排头继续慢跑。

4. 违反以上规则即视为犯规，违反的小组当次比赛不得分。

● 场地器材

口哨 1 个，标识旗 1 面，立式计分板 1 块。场地布置如图 37 所示。

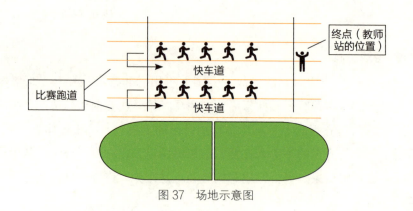

图 37　场地示意图

● 注意事项

1. 为保证比赛公平，只在直道时比赛，弯道时持续慢跑。

2. 根据学生人数调整分组，适当调整练习密度。

3. 上课前可将每组学生的 20 米和 50 米快速跑成绩告诉大家，利于小组排兵布阵。

拓展建议

1. 将比赛的内容换为折返跑、绕桩跑、跨障碍物跑等，比赛的策略依旧可以采用"田忌赛马"的策略。

2. 为保证跑动距离，本比赛只在直道进行，但建议可设置附加分，在弯道上也可进行游戏，即在跑动距离不相等的情况下鼓励学生挑战自我，如果依旧能获胜可额外获得附加分，使游戏更具挑战性和趣味性。

（创编教师：北京亦庄实验小学　伏　超）

38 龙腾虎跃

适用年级：5 ~ 6 年级

游戏意涵

龙腾虎跃的意思是像龙在飞腾，虎在跳跃，形容跑跳时动作矫健有力。在教学中，教师可通过支撑跳跃和跳跃过障碍的组合动作，引导和激励学生在学习和生活中奋发向上，有所作为。

游戏目的

1. 巩固并掌握支撑跳跃和跳跃过障碍的动作技能。

2. 增强上下肢力量，发展身体的协调性、灵敏性。

3. 培养合作意识，以及勇敢、顽强、果断、不怕困难的优良品质。

游戏方法

在边长为 20 米的正方形场地中，把学生分成人数相等的 2 队，每队选出一名学生，站在场地的起始线后。

教师发令后，起始线后的学生开始出发，在山羊上完成分腿腾跃动作，落地站稳后双脚连续向前跳跃到体操垫位置，随后跳跃过体操垫，跑回本队队尾。后面的学生按上述方法依次进行，先完成的队获胜。

● **游戏规则**

1.每队前一名学生回到队尾后，下一名学生才能出发。

2.在山羊、体操垫上未按规定的动作方法完成，需在该器材上重新进行练习，直至成功通过。

● **场地器材**

山羊器材2套、小体操垫4块。场地布置如图38所示。

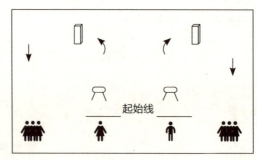

起始线

图38 场地示意图

● **注意事项**

1.跳山羊处可安排一名本队的学生进行保护与帮助。

2.完成跳山羊动作平稳落地后，再进行双脚向前跳跃。

● **拓展建议**

1.游戏的安全顺利实施，需要学生具备独立或熟练完成山羊分腿腾跃的动作技能。

2.在原有场地布置基础上，可以用"跳背"游戏替换跳山羊，以加强学生之间的互动合作。为增加练习密度和强度，可进行多次连续跳背、跳跃过障碍。

3.针对班级里支撑跳跃能力弱的学生，可根据学生实际，适当降低动作难度，确保全体学生参与。为保证游戏的公平性，可将这部分学生平均分到各队。

（创编教师：北京市房山区周口店中心小学　张　萍）

39 跳山羊

适用年级：5～6年级

游戏意涵

跳山羊是汉族民间的一种儿童游戏。跳前先通过"猜丁壳"决定跳的人与被跳的人。跳时，被跳的人下蹲、屈背，屈背高度由低到高，让跳的人一次次跳越。本游戏简单易行，既能锻炼身体，又能培养参与者果断决策的能力，很受学生喜爱。该游戏以跑、跳动作为主，结合了蹬腿、收腹等动作，能较为全面地发展学生的跑、跳、臂力以及落地时的平衡能力。

游戏目的

1. 发展弹跳能力、手臂支撑力量，提高协调性和平衡能力。

2. 提高对民间传统游戏的兴趣，培养勇于克服困难的勇气。

游戏方法

1. 一人跳一个"山羊"。两人一组，一人做"山羊"，一人跳过后，两人轮换，继续游戏。

2. 一人跳多个"山羊"（3～4人）。参加者排成一列，除队尾一人外，全部作"山羊"，队尾一人从后向前依次跳过排列的"山羊"，然后在排头作"山羊"。其余人照此，依次从队尾跳至排头作"山羊"。

3. 多人（3～4人）跳一个"山羊"。选出一人作"山羊"，其他人从其背上跳过，跳一轮，"山羊"高度根据能力设置，跳不过者与"山羊"互换角色。

游戏规则

1. 作"山羊"的学生身体呈90度，双手撑在膝盖上，成三角形，做好安全教育，提升保护意识。

2. 不论是一人跳多个"山羊"还是多人跳一个"山羊"，都需要几步助跑，起跳，双手支撑"山羊"，提腰、屈髋、分腿、推手回落。

3. 一人跳多个"山羊"时要注意间隔距离，返回时注意统一从一侧回到队尾。

● **场地器材**

空旷安全的场地、垫子若干。场地布置如图 39 所示。

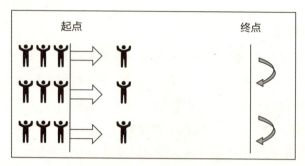

图 39　场地示意图

● **注意事项**

1.游戏开始前对学生进行安全教育,"山羊"旁边放好垫子,"山羊"高度由低到高,循序渐进。

2.此游戏需要有节奏地逐渐加速助跑,单脚起跳、双脚落下,积极摆臂踏跳,含胸、紧腰,两臂主动前伸,向下撑"山羊"并用力快速顶肩推手,同时稍提臀,两腿侧分,有意识地下压制动,两臂顺势上举、起肩、抬上体、挺身,接着迅速并腿前伸落地。

● **拓展建议**

1.不同人数的跳山羊。

2.不同高度的跳山羊。

3.不同距离的跳山羊。

（创编教师：北京市房山区城关小学　金　铃）

第五部分

投 掷 游 戏

40 蹴球打靶

适用年级：1 ～ 2 年级

● 游戏意涵

蹴球打靶不仅娱乐性强，同时又有很强的竞争性。蹴球打靶讲究团队配合，有利于培养学生的创新精神，并对民族体育的传承与发展大有益处。

● 游戏目的

1. 了解并做出正确的蹴球动作，提高蹴球的准确性。

2. 发展身体灵敏性和协调性。

3. 培养合作意识，激发积极参与的兴趣，提高对比赛的掌控能力。

● 游戏方法

把全班学生分成 4 组，在正方形场地的每个发球区站一组，对角学生为一队。提前用大的纸张，设计多环靶心并标上不同分值，距离停球区越近分值越高。各组按顺时针依次蹴球。蹴球过程中可增加干扰，以提高蹴球的趣味性和准确性。最终以分值相加分高者为胜。

● 游戏规则

1. 一人一球，一次蹴球机会。

2. 可以击打别人的球。

● 场地器材

边长为 10 米的正方形场地，地面可为略带沙性的土地或草坪，有条件的可用橡胶或塑胶类地面，要求地面平整，无障碍。蹴球若干。场地布置如图 40 所示。

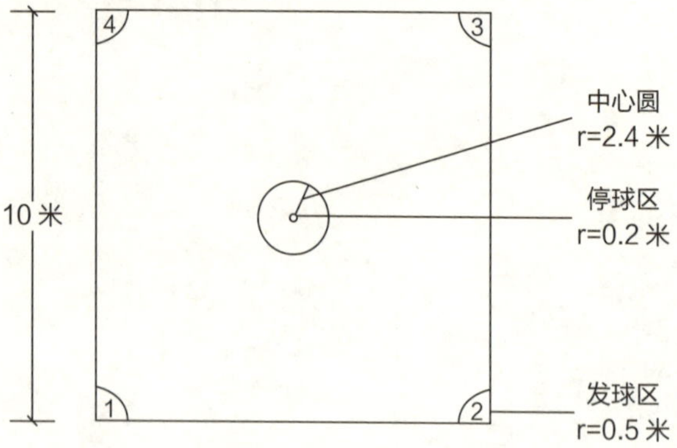

图 40　场地示意图

● 注意事项

教师事先强调规则，注重游戏的安全性和公正性。

拓展建议

增强游戏的故事性和教育性，创新玩法，鼓励学生自己创编。

（创编教师：北京市房山区周口店中心小学　佟新泽）

41 投壶博弈

适用年级：1～2年级

游戏意义

春秋战国时期，诸侯宴请宾客时的礼仪之一就是请客人射箭。当时，成年男子不会射箭被视为耻辱，主人请客人射箭，客人是不能推辞的。后来，有的客人确实不会射箭，就用箭投酒壶代替。久而久之，投壶就代替了射箭，成为宴饮时的一种游戏。

游戏目的

1. 提高投掷的准确性。

2. 发展上肢力量和身体协调性。

3. 培养勇于挑战、不断拼搏的精神及合作意识。

游戏方法

将学生分成人数相等的4组，随后将若干支"箭"放在每组的起点线后，各组第一名学生听到教师的口令后开始投掷，投中次数多的组获胜。第二组开始时，距离拉远投掷，投中次数多的组获胜。第三组把壶的高度升高，进行投掷，投中次数多的组获胜。之后的比赛可以逐渐把距离拉远，壶的高度升高。

游戏规则

1. 必须在起点线后投掷。

2. 教师发出投掷口令后再开始。

场地器材

塑料桶4个、pvc短管若干。场地布置如图41所示。

起点线

图 41　场地示意图

🔵 注意事项

投掷过程中注意力度的控制。

🔵 拓展建议

可在前面游戏的基础上进行单脚投掷、背向投掷。

（创编教师：北京市房山区城关小学　段　琼）

42　攻克碉堡

适用年级：1 ～ 2 年级

🔵 游戏意涵

1948 年，解放军在攻打隆化的战斗中，遭到敌人一个桥形暗堡猛烈的火力封锁，解放军先后两次对暗堡爆破均未成功。危急时刻，董存瑞挺身而出，潜伏至暗堡，左手托起炸药包，右手猛地拉着导火索，随着一声巨响，暗堡被炸掉，董存瑞用生命为部队开辟了前进的道路。

🔵 游戏目的

1.通过游戏了解董存瑞炸碉堡的英雄故事。

2.发展灵敏性和上下肢协调性，提高判断能力，提升掷准能力。

3.培养勇敢顽强、克服困难的意志品质。

● 游戏方法

在长 30 米、宽 12 米的游戏场地内，将学生平均分为若干队，站在起点线后，每队 10 个沙包。比赛开始，各队第一名学生取一个沙包，跑过 10 米，匍匐爬过垫子，绕过障碍，到达投掷线，在投掷线后向 2 米外的 1 平方米大小的纸箱进行投掷，若沙包成功投进纸箱，则可为本队赢得 1 分。无论能否将沙包投进纸箱，完成一次投掷的学生都要从投掷线左侧返回起点，并与本队下一名学生击掌接力，其他学生依次进行，直到所有人完成比赛，以得分多少判定名次。

● 游戏规则

1. 过垫子时必须匍匐爬过，动作不符合标准的需要重新开始。

2. 若在游戏过程中碰倒标志桶，需放正后继续比赛。

3. 投掷须采用上手投掷动作来完成，投掷沙包和沙包出手后，都不能越过投掷线，否则投中无效。

4. 所有学生都要按照所规定的路线出发或者返回。

● 场地器材

垫子 2 块、标志桶 8 个、沙包若干、纸箱 2 个、胶带 1 卷。场地布置如图 42 所示。

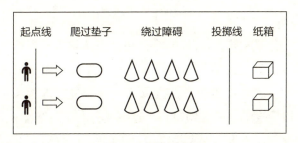

图 42　场地示意图

● 注意事项

1. 为了保证练习安全，垫子需要软硬适中，且需要固定。

2. 游戏场地平整、安全，不易滑倒。

● 拓展建议

1. 可根据学生情况，加长或缩短投掷距离、调整投掷物的重量。

2. 学生较多时，可多设几组。

3. 投掷物与碉堡都可以用其他器材代替。

（创编教师：北京小学大兴分校亦庄学校　刘月新）

43　精卫填海

适用年级：1～4年级

● 游戏意涵

精卫填海的游戏创意源自中国古代神话传说。相传炎帝的小女儿女娃，因久居天宫无聊，遂驾船游东海，溺而不返，其不平的精灵化作一种花脑袋、白嘴壳、红色爪子的鸟，栖息在发鸠山，发出"精卫、精卫"的悲鸣，人们便将此鸟叫作精卫鸟。精卫衔草石由发鸠山飞往东海投入，誓要填平东海。晋代陶渊明有诗云："精卫衔微木，将以填沧海。"后人常用"精卫填海"来比喻意志坚定，不畏艰难。

● 游戏目的

1. 发展下肢力量和持轻物投准的能力。

2. 知晓"精卫填海"的神话传说，培养意志坚定、持之以恒的精神。

● 游戏方法

把学生平均分成4队，每队10个沙包。各队学生模拟精卫鸟长途飞行，最终来到海边投掷沙包的情景。要求学生从出发线开始，依次完成20米快跑，跨过小栏架，爬过体操垫，在投掷线后将沙包投进2米外的边长为1.5米的九宫格。如果投进空格，即可直接返回起点与下一名学生击掌交接，下一名学生再出发；如果投出九宫格或者投进已有沙包的格，则需要捡起沙包回到起点。每队学生依次进行，根据时间安排，可以设定先投满九宫格的队伍获胜，也可设定完成一组后把沙包全部取回，再完成一组或者多组的队伍获胜。

● 游戏规则

1. 翻山越岭时如果将小栏架触碰错位，需摆正后再前进。

2. 穿草地的动作是两脚分开，放于体操垫两侧，手臂在垫上支撑前进，动作错误需重新开始。

3.投掷沙包时采用上手投掷动作，沙包出手时脚不能超过投掷线。是否投进格子以沙包的最终落点为准。

4.违反以上3条，投掷结果视为无效。

5.返回时严禁抛投或传递沙包。

● **场地器材**

沙包40个、小栏架12个、体操垫8块、粉笔若干。场地布置如图43所示。

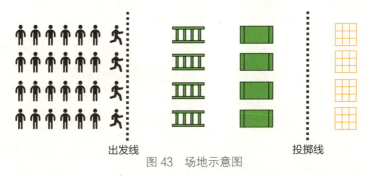

出发线　　　　　　　　　　投掷线

图43　场地示意图

● **注意事项**

1.所有学生都要了解各关卡的动作要求，可先进行试玩。在游戏进行过程中，可安排一名学生担任裁判监督前进过程和投掷结果。

2.根据学生人数调整分组，或者调整最终完成的组数，适当提高练习密度。

● **拓展建议**

1.根据学生的能力设定九宫格大小、沙包重量和投掷距离。可在前进区域设置其他障碍，增加游戏难度。

2.可结合其他项目的技术动作，如羽毛球发球、篮球运球投掷（以第一落点算，投进后可放置标记物）等方式，将沙包投进九宫格。

3.可结合图形游戏，如"七巧板""俄罗斯方块"等进行游戏。

（创编教师：北京亦庄实验小学　韩　超）

44 后羿射日

适用年级：1～4 年级

● 游戏意涵

后羿射日，又称"羿射九日"，是中国古代神话传说。远古的时候，帝俊与羲和生了 10 个太阳，他们住在东海，海水中有棵大树叫扶桑，10 个太阳睡在枝条下，轮流出来在天空执勤，照耀大地。但有时，他们一起出来，便给人类带来了灾难。为了拯救人类，后羿翻过了九十九座高山，穿过九十九片荒漠，来到了东海边，登上了一座大山，张弓搭箭，向 9 个太阳射去。后羿箭法精准，他每射中一个太阳，天空就会出现一个个爆裂的火球，坠下一只只三足乌。最后，天上只留下一个太阳，温暖着人间。

● 游戏目的

1. 提高投掷、击准能力。
2. 发展速度和身体的灵敏性。
3. 培养克服困难、顽强拼搏的意志品质。

● 游戏方法

将学生平均分成 4 组，每组学生依次模仿后羿长途跋涉，快跑 20 米，翻山越岭，钻过山洞（用 5 个立起的体操垫组成"山洞"），跨跳过河流（用彩色胶带贴出"河流"），然后在投掷线后进行沙包投掷，击打 8 米外的 10 个太阳标志靶。其中 9 个为活动靶，1 个为固定靶。投掷结束后快速捡回沙包，从障碍区一侧返回至起点，并将沙包交给下一名学生，最先将 9 个活动靶全部击倒的小组获胜。

● 游戏规则

1. 钻山洞时如将垫子碰倒需要先修理"山洞"，将垫子立好后再通过。
2. 跨过河流应是跨越或跳跃而过，踩在胶带上或者绕过需要重新通过。
3. 投掷沙包不能超过投掷线。
4. 违反以上 3 条，投掷结果视为无效。
5. 返回时从下一名学生侧面手递手传递沙包。

● 场地器材

体操垫 20 个、彩色胶带 1 卷、可移动标志杆 36 个、A4 纸 36 张。场地布置如图 44 所示。

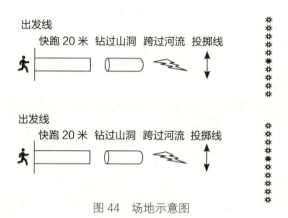

图 44　场地示意图

● 注意事项

1. 根据学生投掷水平设定投掷距离。

2. 根据学生人数调整分组，适当提高练习密度。

● 拓展建议

1. 可结合篮球项目，将障碍跑改为快速运球跑、低运球过障碍物、体前变向运球跑等，将投掷沙包改为定点投篮。

2. 可结合足球项目，将障碍跑改为快速带球跑、变向过障碍物、颠球 10 个等，将投掷沙包改为定点射门。

（创编教师：北京亦庄实验小学　余鹏飞）

45 抛掷绣球

适用年级：1 ~ 6 年级

● 游戏意涵

抛掷绣球，是广西壮族自治区最为流行的传统体育项目之一。绣球，原本在古代是一种兵器，现在已成为全国少数民族传统体育运动会上的表演项目。

● **游戏目的**

1. 通过抛掷绣球游戏充分体验民族传统体育的魅力，学会基本的抛掷绣球方法，激发学习兴趣。

2. 发展上肢力量和投掷、击准能力。

● **游戏方法**

每组 6 人，2 人抛球，2 人接球，2 人捡球。抛球者和接球者相距 3 ~ 5 米，接球者接球时需用手抱着箩筐，捡球者将掉在地上的球捡到抛球者筐中。每组限时 2 分钟，50 个绣球，接到球数最多的组获胜。

● **游戏规则**

1. 若游戏进行中接球者的箩筐离开胸前，离开一次扣 5 分。

2. 每组所接球总数为两名接球者所接球数之和。

3. 抛球者和接球者必须在指定区域游戏，捡球者要注意安全。

4. 若两组所接球数相同，则完成时间较少的一组获胜；若球数和时间都相同，则两组并列。

● **场地器材**

空旷安全的场地或操场、绣球（棉包）若干、箩筐 4 个。场地布置如图 45 所示。

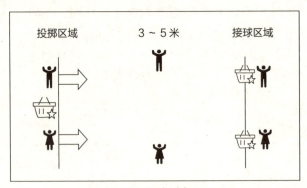

图 45　场地示意图

● 注意事项

1. 游戏开始前对学生进行安全教育。

2. 根据学生运动能力设定投掷距离。

3. 根据学生人数调整分组，适当提高练习密度。

● 拓展建议

1. 可将向前抛掷绣球改为向后抛掷绣球。

2. 分成人数相等的 2 组，围着箩筐站成半径为 6 米的圆形，每人 3 个绣球，依次向箩筐抛进，最后统计进球数，进球多的组获胜。

（创编教师：北京市房山区城关小学　金　铃）

46 投石问路

适用年级：1 ~ 6 年级

● 游戏意涵

"投石问路"出自《三侠五义》（第五十回），原指夜间潜入某处前，先投以石子，看看有无反应，借以探测情况。后来用以比喻做事前先进行试探。

● 游戏目的

1. 发展掷准能力及上下肢协调配合的能力，提高判断力。

2. 激发运动兴趣，培养团结协作的能力及集体主义精神。

● 游戏方法

将全班学生分成人数相同的红、蓝 2 队，每队 6 人，穿插站在圆圈线外。每人 5 个沙包进行原地投掷，投进绿色圈得 1 分、投进黄色圈得 3 分、投进灰色圈得 5 分，投在彩色圈的外边减 1 分。比赛开始，红队先进行投掷，相邻的蓝队学生负责监督并进行分数统计，直到红队所有学生投完沙包后，蓝队每人记录的分数相加即是红队的总分数。公布分数后，蓝队学生进行挑战，直到蓝队所有学生投完沙包后，红队学生给蓝队进行分数统计，公布分数后，两队进行分数对比，分数高的队即为获胜队。

🔵 游戏规则

1. 比赛时要站在圆圈线外，不得踩圆圈线。

2. 以沙包落地点为准记录分数。

🔵 场地器材

平整场地 1 块，中间画一个半径为 4～6 米的圆圈。沙包 30 个、呼啦圈若干、铁环若干、小铁圈 1 个。场地布置如图 46 所示。

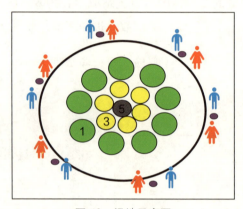

图 46 场地示意图

🔵 注意事项

游戏开始前做好充分的拉伸，避免受伤。

🔵 拓展建议

1. 根据学生年级，可选择不同的投掷物，如棉包、沙包、垒球等。

2. 高年级可将原地投掷变换为行进间投掷。

（创编教师：北京市房山区城关小学　张文凤）

47 百步穿杨

适用年级：1～6 年级

🔵 游戏意涵

"百步穿杨"的成语出自西汉刘向的《战国策·西周策》一书。书中写道："楚有养由基者，善射，去柳叶者百步而射之，百发百中。"意思是说养由基苦学射箭多年，付出了无数的汗水与泪水，终于凭借百步穿杨的高超技艺打败了对手，赢得别人的赞美和掌声。启示人们想要练就高超的技术需要加倍努力。以掷准为练习目的的游戏与这个成语有相通之处。

● **游戏目的**

1. 提高投掷掷准的能力和上下肢协调配合的能力。

2. 培养坚持不懈、不断努力的品质和追求卓越的体育精神。

● **游戏方法**

将全班学生分成 4 队，每队 8 人。比赛开始前，各队学生每人手持 2 个棉包，在投掷线前站立做好准备。待比赛开始信号发出后，学生依次将手中的棉包向不同距离的空心投掷牌投出。棉包打中投掷牌的计 1 分；棉包从较近处投掷牌中心穿过的计 2 分；棉包从较远处投掷牌中心穿过的计 3 分。待各队学生都将手里棉包投出后，计算各队总得分，得分最多的队为获胜队。

● **游戏规则**

1. 投掷时脚不可以过投掷线。

2. 可采用自己喜欢的方式投掷。

● **场地器材**

长 20 米、宽 10 米的平整场地 1 块，棉包 64 个，投掷牌 8 块。场地布置如图 47 所示。

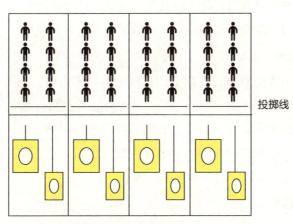

投掷线

图 47　场地示意图

◉ 注意事项

游戏开始前做好准备活动，投掷时按先后顺序依次进行投掷。棉包要及时捡拾，避免因碰撞、拥挤等因素受伤。遇有风天气要固定好投掷牌以免被吹倒，造成不必要的伤害。

◉ 拓展建议

1. 双人合作。

2. 计时比赛。

（创编教师：北京市房山区城关小学　吕　良）

48 草船借箭

适用年级：1 ～ 6 年级

◉ 游戏意涵

草船借箭是我国古典名著《三国演义》中的一个故事。借箭由周瑜故意提出（限十天造十万支箭），机智的诸葛亮一眼识破是一条害人之计，淡定地表示"只需要三天"。后来，有鲁肃帮忙，诸葛亮再利用曹操多疑的性格，调了几条草船诱敌，终于"借"到了十万余支箭。

◉ 游戏目的

1. 了解游戏文化内涵，巩固投掷技术动作。

2. 发展上肢力量及协调性，提高综合运用运动技能的能力。

3. 培养与同伴积极合作的能力，体验成功与进步的快乐。

◉ 游戏方法

将学生分为攻防双方，进攻方站在场地的外围边沿，每人手拿 2 ～ 3 个沙包，防守方站在场地内，每人手持一块小体操垫防守。游戏开始，进攻方将手中的沙包扔向防守方，防守方利用体操垫进行阻挡，或者去接沙包。进攻方将手中的沙包全部投出则比赛结束。双方更换角色，按照上述方法再进行一轮比赛，哪一方接到的沙包多哪一方获胜。

◉ 游戏规则

1. 防守方被沙包投中后直接下场。

2. 防守方每接住一个沙包得 1 分。

● **场地器材**

小体操垫 12 块、沙包若干。场地布置如图 48 所示。

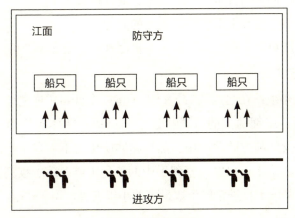

图 48 场地示意图

● **注意事项**

1. 进攻方不能将沙包投向防守方身体重要部位。

2. 防守方在跑动中要注意掉落在地上的沙包，以免滑倒、崴脚。

● **拓展建议**

1. 进攻方发起进攻，防守方队员依次穿越进攻方中间区域进行"借箭"。

2. 可结合球类游戏，用篮球、排球、乒乓球代替沙包，利用传球的方式，将防守方打下场。

（创编教师：北京亦庄实验小学 董向宇）

49 小小投弹手

适用年级：1 ～ 4 年级

● **游戏意涵**

投弹英雄卫小堂随陈赓兵团突破黄河天险后，郏县又高又厚的城墙阻碍了我军的进攻，卫小堂主动请缨，拿起手榴弹在枪林弹雨中一步步靠近城墙，一连扔出 8 枚手榴弹，摧毁了城墙。我军趁机发起冲锋，很快就攻占了郏县。战后卫小堂被记特等功，还被评为战斗英雄。

● 游戏目的

1. 学习和巩固侧向投掷轻物的技术，提高投掷水平。

2. 发展上肢力量和上下肢协调发力的能力。

3. 结合民族英雄事迹，培养学生不畏困难、迎难而上的勇气。

● 游戏方法

学生分成 4 组站在起点线后，每人手持一个沙包（或垒球）。游戏开始，学生通过爬行（或匍匐）的方式爬过小体操垫，在体操垫的掩护下，将沙包（或垒球）投到前方的轮胎中，然后跑回队伍与下一名学生击掌接力后站到队尾，下一名学生再出发，直到手中的沙包（或垒球）投完为止，比赛结束。沙包（或垒球）投进轮胎个数最多的小组获胜。

● 游戏规则

1. 投掷时采用单手肩上投掷沙包（或垒球）的方式。

2. 起跑时不能踩线，右手拍右手完成接力，前一名学生跑回起点线之后，下一名学生再出发。

3. 投进一个沙包记 1 分，得分多的小组获胜。

● 场地器材

沙包（或垒球）若干、体操垫 24 块、轮胎 4 个。场地布置如图 49 所示。

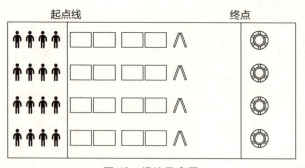

图 49　场地示意图

● 注意事项

1. 根据学生能力水平进行分组。

2. 向前投掷，注意安全。

● 拓展建议

1. 轮胎由平放在地上变成立放在地上。

2. 轮胎由立在地上不动变成立在地上左右滚动。

3. 把轮胎换成呼啦圈，用绳吊在高处，让呼啦圈左右摆动，学生将沙包投向摆动的呼啦圈中。

（创编教师：北京亦庄实验小学　董向宇）

50 木射新玩

适用年级：1～6年级

● 游戏意涵

木射，又名"十五柱球"，是游戏者轮流以木球撞击十五根立柱的一种室内体育活动，产生和兴盛于唐代。木射是现代保龄球运动的前身。其规则是在十根柱上用红笔分别写"仁、义、礼、智、信、温、良、恭、俭、让"，另五根柱上用黑笔分别写"慢、傲、佞、贪、滥"。游戏者用木球击打木柱，击中写有红字的木柱为胜，有赏；击中写有黑字的木柱为负，受罚。

● 游戏目的

1. 锻炼上肢的爆发力和控制力，提高手眼协调能力和判断力。

2. 激发参与体育活动的兴趣，发展上下肢肌肉力量及投掷的准确性。

3. 培养勇敢、果断的意志品质和团结合作的精神。

● 游戏方法

将学生平均分成人数相同的红、蓝两队，每队学生按顺序排在掷球线后，各队派出一名学生摆放矿泉水瓶。每队前方放置10个空矿泉水瓶，5个绿色、5个橘色（把水瓶提前染色），两种颜色穿插放置在距离投掷线3米外的固定位置，并一字排开，与投掷线平行。比赛开始，各队第一名学生将排球贴着地面向前滚动撞向水瓶，撞倒橘色的瓶子得2分，撞倒绿色的瓶子得1分，没有撞倒则不得分。撞倒后摆瓶学生迅速摆好瓶子，然后换后面的学生轮流掷球，最终得分高的队获胜。

游戏规则

1. 投球时必须站在掷球线后，踩线或者过线成绩无效。

2. 规定用下手前送方式投球，采用其他投球动作成绩无效。

3. 投掷时必须采用地滚球的方式进行。

场地器材

平整场地1块，并在场地划分出2小块相邻的长10米、宽5米的长方形场地。排球2个、空矿泉水瓶（染色）20个。场地布置如图50所示。

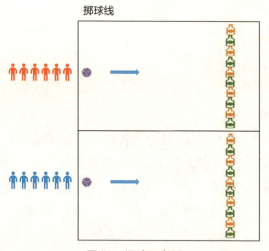

图50　场地示意图

注意事项

1. 游戏开始前做好充分准备活动，避免受伤。

2. 上下肢用力要协调，在滑道中间向前掷球。

拓展建议

1. 根据学生实际情况，设置不同的击球距离及瓶子摆放形式。

2. 可以选择软式排球、篮球或足球。

3. 改变投球的方式，可以采用正面地滚球或背向胯下地滚球。

（创编教师：北京市房山区城关小学　张文凤）

51 精准入筐

适用年级：3～6年级

● 游戏意涵

东风系列弹道导弹能够在不同范围内精准打击目标。本游戏以此为背景，引导学生练习精准投射，锻炼身体、强健体魄，同时对学生进行爱国主义教育。

● 游戏目的

1. 提升对持物掷准游戏的兴趣，掌握投掷动作要领。

2. 培养集体荣誉感和团结协作精神。

3. 知晓二十四节气传统文化知识，培养民族自豪感。

● 游戏方法

以半块篮球场为场地，将四边进行 24 等分，每个等分点设置一个标志桶，分别写上二十四节气的名称，以立春为始，大寒结束。将学生分成春、夏、秋、冬四组，每组一边，每边放置 6 个节气标志桶，分别以立春、立夏、立秋、立冬为各组起始点。每个学生站在一个节气标志桶旁边。在场地中心设置 1 个大塑料桶，以大塑料桶为中心，周边放置一圈小塑料筐，桶和筐作为远近投掷点。每个学生有 2 个沙包，把沙包分别投进桶和筐，或者选择投进同一投掷点。分别计分，得分多的个人或小组获胜。

● 游戏规则

1. 将学生分成春、夏、秋、冬四组，增加比赛难度和气氛。

2. 投进小塑料筐记 1 分，投进大塑料桶记 2 分。

● 场地器材

篮球场半块、标志桶 24 个、小塑料筐 24 个、大塑料桶 1 个、沙包 48 个。场地布置如图 51 所示。

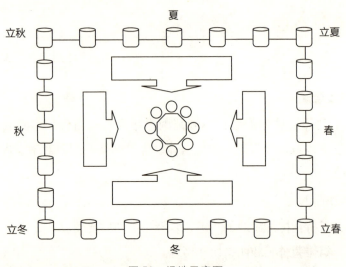

图 51　场地示意图

● 注意事项

1. 选用材质相对柔软的沙包，以免造成意外伤害。

2. 要求学生听从指挥，按顺序进行投掷。

3. 提前把规则解释给学生。

● 拓展建议

可采用竞赛形式，分别以 5 米、10 米、15 米、20 米为投掷点位，各记 1、2、3、4 分，看谁投得准、得分高。

（创编教师：北京市房山区周口店中心小学　李宏伟）

52 背篓投"果"

适用年级：3 ～ 6 年级

● 游戏意涵

背篓绣球是广西壮族人民喜闻乐见的传统体育项目，即向背篓中投掷绣球。本游戏中，将五颜六色的圆形绣球当作果实，学生通过劳动，采摘果实，投进背篓，感受丰收的喜悦。

● **游戏目的**

1. 提升采摘果实的敏捷度。

2. 加强抛接绣球、投掷击准背篓的准确性。

3. 培养参与劳动的热情，感受丰收的喜悦。

● **游戏方法**

教师准备五颜六色的果实绣球——苹果、梨、石榴、桃子等。将学生平均分成几个采摘组，每组派 1 名学生在河对岸，负责背着背篓接果实，其余学生在河一侧负责采摘。

在游戏过程中，每组采摘的学生站成一队，一名学生从起点出发，跑到一棵大树下（标志杆），想办法摘下一颗果实绣球，之后绕过 3 个标志桶来到河边红线位置，将果实通过甩、抛、扔等方式投进河对面学生的背篓里。投进或没有投进后，都要快速排到队尾，下一名学生继续，以此类推。限时10 分钟，结束时哪个小组背篓里的果实多，哪个组为获胜组。

● **游戏规则**

1. 每个小组采摘的学生必须依次投递果实，一次一个，不能同时投递多颗果实。

2. 投递完成的学生，快速回到小组，排到队尾，在规定时间内，继续参与采摘投递工作。

3. 采摘的学生必须先穿越过三个障碍物，方能到达红线位置开始投递。

4. 学生投掷果实和用背篓接果实时必须在指定区域完成，不可越界。

5. 违反以上 4 条，投掷结果视为无效。

● **场地器材**

背篓 5 个、标志桶 15 个、绣球 40 个、标志杆。场地布置如图 52 所示。

● **注意事项**

1. 根据学生能力设定投掷距离。

2. 根据学生人数调整分组，适当提高练习密度。

● **拓展建议**

1. 可以将果实绣球变成其他可抛掷的物品，设置不同主题去体验，如抛掷鱼形玩偶，感受渔民收获的快乐。

2.可以把标志桶变成呼啦圈，通过跳跃的方式设置障碍，锻炼跳跃能力。

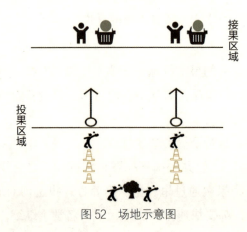

图52 场地示意图

（创编教师：北京亦庄实验小学 许 韵）

第六部分

负重游戏

53 母鸡下蛋

适用年级：1～2年级

● **游戏意涵**

公鸡打鸣，母鸡下蛋。鸡是由鸟进化而来的，一天之中，晨光乍现，褪黑素分泌受到影响，公鸡便开始打鸣。母鸡生蛋是一种本能，受自身生理节律调控。

● **游戏目的**

1. 增强下肢力量。

2. 发展身体的灵敏性和协调性。

3. 培养团结拼搏的精神和良好的竞争意识。

● **游戏方法**

将学生分成人数相等的4队。每队的对面有1个筐。每队第一名学生用大腿夹着"鸡蛋"（乒乓球）按照路线走到对面，把"鸡蛋"放到筐里，然后跑回来，本队下一名学生出发，看哪一队最先完成。

● **游戏规则**

"鸡蛋"不能掉落，如果掉落须返回"鸡蛋"掉落的位置重新火好后继续游戏。

● **场地器材**

长15米、宽10米的长方形场地。乒乓球若干、小塑料桶4个。场地布置如图53所示。

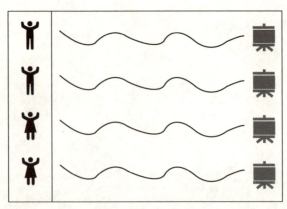

图53 场地示意图

注意事项

1. 根据实际情况调整游戏难度，看是否需要设置障碍物。

2. 根据学情合理分组。

3. 提醒学生注意脚下，避免摔倒。

拓展建议

可以用膝盖夹着"鸡蛋"，跳着前进。

（创编教师：北京市房山区城关小学　段　琼）

54 知己知彼

适用年级：1～4年级

游戏意涵

春秋时期，军事家孙武著书《兵法》，认为使敌人举国屈服是上策，出兵打败那个国家就要差一些。要善于运用计谋不战而屈人之兵，同时要做到知己知彼、百战不殆。

游戏目的

1. 了解"知己知彼"的成语典故，并能运用到生活中。

2. 发展手臂、腰腹、腿部力量和身体的协调性。

3. 培养积极思考的能力和竞争意识，充分发挥个人才智。

游戏方法

游戏开始前，双方分别将己方的 5 张卡牌（1 帅与 4 兵）无规则地摆放于标志线后，并将卡牌背面朝上，扣在地面上。

每组 1 人相对成俯卧姿势准备。游戏开始，2 人分别单手撑地，用另一只手去翻开对方的卡牌，并可以根据个人战术随意摆放，当其中一方先把对方卡牌摆放成一条横线，且顺序为"兵兵帅兵兵"时获胜。

游戏规则

1. 俯卧姿势时，胸、腹、膝不能触地，仅一只手可以过线。

2. 只能翻对方卡牌，禁止碰己方卡牌，且不能将对方卡牌拿到己方"阵营"。

3. 不能故意阻止对方翻己方卡牌。

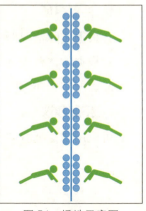

图 54　场地示意图

● 场地器材

长方形场地1块、彩色胶带1卷、卡牌10张。场地布置如图54所示。

● 注意事项

1. 游戏前充分热身，提高安全意识。

2. 注意观察卡牌位置和顺序，快速、准确摆放。

3. 翻卡牌时注意保持正常肢体接触，不允许做击打、甩手臂等易使对方受伤的动作。

● 拓展建议

1. 为加强上肢力量，可每进行一次俯卧撑后翻一次卡牌。

2. 为增加游戏趣味，双方每进行一次"猜丁壳"游戏后，胜者可翻一次卡牌。

3. 结合不同情境，可将翻卡牌变为写字、做计算题等。

（创编教师：北京小学大兴分校亦庄学校　支　鑫）

55　百里负米

适用年级：1～4年级

● 游戏意涵

百里负米是《二十四孝》中的一个故事，讲述的是孔子的学生子路性格直率、勇敢，非常孝顺，因为从小家境贫寒，为人非常节俭，经常吃野菜度日。子路觉得自己吃野菜没关系，但怕父母营养不够，很是担心，于是从百里之外背米回来孝敬父母。百里之外是非常远的路程，但是不论寒风烈日，子路都不辞辛劳地跑到百里之外买米，再背回家，并日复一日坚持了下来。

● **游戏目的**

1. 发展速度、力量，灵敏性、柔韧性、协调性等，改善心肺功能。

2. 了解《二十四孝》中传统文化知识，提高对传统文化的兴趣，培养吃苦耐劳的品质和孝顺的美好品德。

● **游戏方法**

在规定路线上设置标记当作障碍，学生分组站在起点位置，背着背篓，当听到哨声后开始出发。通过快速跑、跨过河流（用彩色胶带在地上贴出"河流"）、绕过小树（沿"S"形路线绕过 3 个间距为 2 米的标志桶）、过独木桥，最后抵达取米袋处拿一个米袋放在背篓里后原路返回。返回起点后将米袋拿出，并把背篓给下一名学生，依次进行。看看哪组学生能灵活避开障碍，并能快速完成负米。比赛结束，以完成赛程的顺序（或时间）为依据评定名次。

● **游戏规则**

1. 按照指定线路和距离奔跑。

2. 不得抢跑，与下一名学生传递好背篓后，下一名同学才可出发。

● **场地器材**

空旷安全的场地或操场，背篓或小筐、米袋（可用 1 个沙包作为一个米袋）、彩色胶带、标记牌、标志桶和踏板。场地布置如图 55 所示。

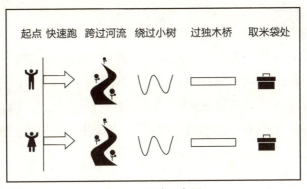

图 55 场地示意图

● **注意事项**

1. 游戏开始前对学生进行安全教育。

2. 先向学生强调游戏规则，在学生熟悉后再调整游戏难度。

● **拓展建议**

1. 搬运物资接力赛（两人合作）。

2. 规定方式折返接力赛（单脚、蜘蛛爬等）。

3. 迎面接力赛。

（创编教师：北京市房山区城关小学　金　铃）

56 抢运物资

适用年级：3 ～ 4 年级

● **游戏意涵**

"一方有难，八方支援"，不管我国哪个地区出现灾情、险情，全国各地都会增援物资，保障当地物资供应，以实际行动诠释万众一心、共克时艰的精神。

● **游戏目的**

1. 发展快速奔跑的能力。

2. 提高速度及身体的灵敏性和协调性。

3. 培养团结协作、勇于拼搏的精神。

● **游戏方法**

全班学生分成人数相等的 4 队，两人一组，同时站在起跑线后。当听到"准备"的口令后，各队第一组的两名学生横排站立，共持一个垫子，将"物资"放在垫子中间，做好准备。听到"开始"的口令后，各队第一组学生开始共持垫子奔跑，跑到终点后，将"物资"放在终点，两人再持垫子跑回。第二组学生接过垫子继续运"物资"，形成接力。先把"物资"运送完的队获胜。

● **游戏规则**

1. 物资不能落地，落地后要迅速捡起再继续游戏。

2. 上一组学生必须到达指定位置后，下一组学生才能继续。

● **游戏器材**

呼啦圈 8 个、实心球若干、海绵垫 4 块。场地布置如图 56 所示。

● **注意事项**

跑动过程中注意脚下，防止滑倒。

● **拓展建议**

1. 可在运送过程中设置障碍以增加难度。

2. 可变化每组人数，设置为 4 人一组等。

（创编教师：北京市房山区城关小学 段 琼）

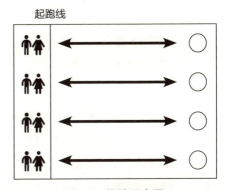

图 56 场地示意图

57 加减乘除

适用年级：3 ～ 4 年级

● **游戏意涵**

"加减乘除"是一种夹沙包游戏，游戏中学生要一边念出"加减乘除"口诀，一边有步骤地完成夹沙包、甩沙包、躲沙包和接沙包等动作。本游戏不仅能给学生带来很大乐趣，同时还有较大的锻炼价值。

● **游戏目的**

1. 了解"加减乘除"这一民间游戏文化。

2. 发展下肢力量、腰腹力量和身体协调性。

3. 培养竞争意识、合作精神，以及积极思考的学习态度。

● **游戏方法**

将学生分成 2 组，每组 3 ～ 4 人，在线的两侧面对面分散站立，通过"猜丁壳"决定哪一方先攻，攻方一名学生将沙包放地上，念"加""减" 2 字时双脚向沙包方向跳 2 次，念"乘"时双脚夹住沙包，念"除"时将沙包向对方阵地"踢出"或"甩出"，对方任意一个人按步骤念口诀，夹住沙包回击。

● 游戏规则

1. 念"加"时夹住沙包，念"除"时须将沙包"踢出"或"甩出"，否则算"失去一命"。

2. 对方未能用手接住沙包或被打到任意部位算"失去一命"，如接住沙包算"得一命"，这时可以选择把"命"给下场的队友，将其"复活"。

3. 双方队员不能踩线、越线，沙包不过线或出界算"失去一命"。

● 场地器材

长28米、宽15米的长方形场地1块、沙包1个。场地布置如图57所示。

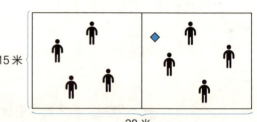

图57 场地示意图

● 注意事项

1. 游戏前做好热身，提高安全意识。

2. 在向沙包的方向跳跃时注意周边人站位，避免发生冲撞。

3. 做好团队配合与沟通，发挥每个人的优势。

● 拓展建议

1. 为增加游戏挑战性，可将线改为一定高度的"中网"，促使学生将包"踢出"或"甩出"一定高度。

2. 为增加游戏挑战性，双方各发4～5个标志物当作"地雷"，若对面攻过来的沙包触到标志物则算攻者"失去一命"。

3. 为增加游戏挑战性，双方各发4～5个小桶当作"泉水"，若对面攻过来的沙包掉到桶里则算攻者"增加一命"。

4. 为增加游戏挑战性，可在原有游戏方法的基础上，增加面对对方"踢出"或"甩出"到本方区域的沙包进行"回踢"，若踢回至对方区域，则算一次成功回击，算回踢者"增加一命"。

（创编教师：北京小学大兴分校亦庄学校　支　鑫）

58 齐心协力

适用年级：3 ~ 4 年级

◉ 游戏意涵

轿子是一种将床、椅等坐卧具安装固定在两根或多根木杠之上，由人抬或由动物拉着行驶的移动的车。是古人出行的一种重要的交通工具。

◉ 游戏目的

1. 了解我国古代代步工具轿子的由来和变迁。

2. 通过多种不同形式的抬轿活动，发展上下肢力量。

3. 通过体验合作抬轿子，培养协作精神。

◉ 游戏方法

将学生分为4队，每队5人（4人抬轿，1人坐轿）成纵队站在出发线后。听到"准备"口令时，5名学生以坐轿或抬轿姿势在出发线后做好准备，教师下达"出发"口令后，各队起轿前进，按照"1-2-1-2"的节奏，密切配合，第一名坐轿子的学生到达8米外的终点后从左侧返回至起点，然后与另一名学生互换角色，直到5名学生依次乘坐轿子完成比赛，最先完成的队获胜。

◉ 游戏规则

1. 全体学生站在出发线后准备，游戏开始前不得越线。

2. 在游戏过程中，抬轿学生的手始终不能离开轿子把手，坐轿学生的脚不得触地。

3. 若途中失败，需原地起轿，继续游戏。

◉ 场地器材

边长为12米的空旷安全的场地，自制简易"轿子"若干（轿子可以利用木棍、废旧拖把、软垫及其他物品固定组合而成），标志桶4个。场地布置如图58所示。

◉ 注意事项

1. 轿子的制作必须达到安全标准。

2. 抬轿子时要注意动作的合理性。

3. 每队参与比赛的5名学生要做到协调配合。

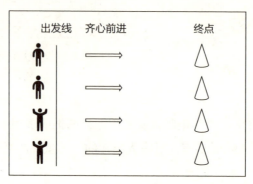

图 58　场地示意图

◉ 拓展建议

也可以两两合作，用手搭手成"井"字形的简易轿子。

（创编教师：北京小学大兴分校亦庄学校　刘月新）

59 ▶ 棋逢对手

适用年级：5～6 年级

◉ 游戏意涵

晚唐时期，有位名叫释尚颜的和尚非常喜欢下围棋，他因下棋结识了诗人陆龟蒙。陆龟蒙是姑苏人，自幼聪明伶俐，长大后做过湖、苏二州的从事，后隐居松江莆里。释尚颜在陆龟蒙不在的时候非常怀念这位棋友，并作过一首诗，诗中有两句为："事厄伤心否，棋逢对手无？"表达了对陆龟蒙的同情和思念。

◉ 游戏目的

1.了解"棋逢对手"的成语典故，掌握"斗鸡"运动的技巧，感受民间传统体育文化。

2.提高身体的灵敏性和协调性，增强腿部肌肉爆发力和力量耐力。

3.培养自信、顽强、勇于挑战的意志品质及团结协作的精神。

◉ 游戏方法

将学生平均分成 4 组，每两组为竞争对手，四组排头分别在队伍前进行

"斗鸡"，脚先落地为输，赢的学生迅速跑到规定地点下"圈叉棋"（用标志桶作"棋子"），后面学生依次进行，先完成 3 枚棋子相连的队伍获胜。

◉ 游戏规则

1. 根据学生体重、身高进行分组。

2. 在"斗鸡"过程中只能用膝盖触碰，不能有拉扯动作。

3. "斗鸡"赢者才可以去下棋，输的队伍需换人继续对抗。

◉ 场地器材

标志桶、秒表、卷尺、护膝、圈叉棋棋盘。场地布置如图 59 所示。

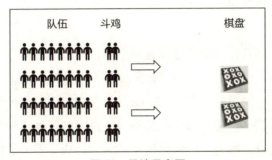

图 59　场地示意图

◉ 注意事项

1. 不能用手推、拉、扯对方。

2. "斗鸡"开始之后不可双脚着地。

3. 三枚棋直线相连才为获胜。

◉ 拓展建议

1. 单人守擂：由一人守擂，其他学生与其对阵。输者淘汰，胜者继续守擂，直到无人挑战为止。

2. 四人对擂：双方各两人，一主将一副将。先集中力量攻击对方某一人。待其中一人被击败后，再合力攻击对方另一人。

3. 夺旗战：双方队伍后放一标志桶作为军旗，混战中先取得对方军旗者为胜。

（创编教师：北京小学大兴分校亦庄学校　邓　群）

60 愚公移山（一）

适用年级：3 ～ 4 年级

● 游戏意涵

愚公移山的故事表现了中国古代劳动人民的坚定信心和顽强毅力。愚公移山告诉我们，要克服困难就必须坚持不懈。

● 游戏目的

1. 提高上下肢协调能力和小组配合能力。

2. 培养民族精神和文化自信。

● 游戏方法

将场地分为两块，在起点处设置两个圈，圈内放置体操垫。将全班学生平均分成若干组，组内学生两两结合组成若干小分队。第一小分队面对面站立，将直杆放在同侧肩膀上，一只手扶杆，直杆上挂一体操垫，两组学生在起点处同时做深蹲并且全程保持深蹲移动，途中教师随机举号码牌，两组学生看到后做相应数量的击掌，如果负重掉下，需从掉下的位置重新调整再出发。到达对面标志桶位置后放下体操垫，然后两人快速返回。最终运送的体操垫摆放得最高的小组获胜。

● 游戏规则

1. 学生只能一只手扶肩上的杆。

2. 返回时须两位学生一起拿杆。

● 场地器材

体操垫、直杆若干、配重。场地布置如图 60 所示。

● 注意事项

1. 根据学生能力进行合理配重。

2. 提前讲解深蹲的动作要领：臀部向脚跟方向移动，下蹲时膝盖不要超过脚尖。与搭档提前进行配合练习。

● 拓展建议

1. 1 ～ 2 年级学生可以选择单人练习，在途中增设小障碍等。

2. 3 ～ 4 年级学生可在终点增设项目，如 4 年级学生可增加双手前掷实

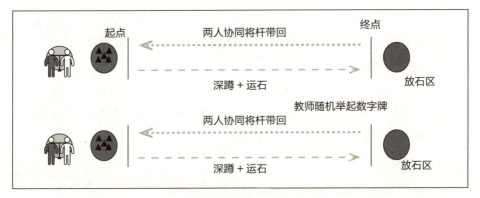

图 60　场地示意图

心球练习，投掷者将所挑物品投入指定容器，进行投准练习。

（创编教师：北京亦庄实验小学　杨　帆）

61 愚公移山（二）

适用年级：5 ～ 6 年级

● 游戏意涵

古时候，在冀州以南、河阳以北矗立着两座大山，一座是太行山，另一座是王屋山。在北山的山脚下住着一位老人，年纪快九十岁了，人称愚公。由于南边的大山挡路，愚公一家进出都要绕很远的路。因此，愚公召集全家人商量，决定要把这两座大山移开，修筑一条大路。

愚公想凭借自己、自己儿子和子孙后辈，一代又一代接续努力，把大山移走。天帝知道此事后，被愚公的精神所感动，于是命大力神夸娥氏的两个儿子把两座山背走了。

● 游戏目的

1. 了解"愚公移山"的典故，激发对传统文化的兴趣。

2. 发展协调性和平衡能力，发挥想象力，创新游戏玩法。

3. 培养勇敢顽强、坚持不懈的精神。

● 游戏方法

将学生平均分成 4 组，每组排头学生拿一套铁环，进行直线滚动，通过障碍区，然后到达山脚，拿起一块泡沫砖，然后迅速原路返回，在返回过程中泡沫砖不能掉，铁环不能倒。后面学生依次进行，最快完成的队伍获胜。

● 游戏规则

1. 开始游戏后不可用手触碰铁环。

2. 在返回过程中，铁环倒地或泡沫砖掉地需从原地调整好后继续游戏。

3. 队友不能提前越线上前抢夺铁环。

● 场地器材

铁环和手柄、标志桶 4 个、标志杆 4 个、秒表、泡沫砖。场地布置如图 61 所示。

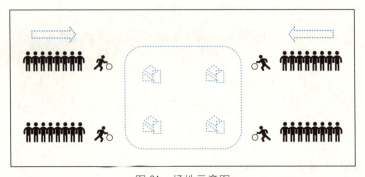

图 61　场地示意图

● 注意事项

1. 每组学生之间隔开一定距离，以免相撞。

2. 每组男女生比例合理，使每队水平相近。

● 拓展建议

1. 30 米比速度。

2. 20 米过障碍（绕桩、过独木桥等）。

3. 10 米迎面接力比赛。

4. 学生正常直线滚动铁环，教师吹口哨后立刻停在原地，并使铁环不倒，再次吹哨后继续滚动。

5. 学生正常直线滚动铁环，观察教师手中标志物颜色，红色停、绿色行。

（创编教师：北京小学大兴分校亦庄学校　邓　群）

62 旱地龙舟

适用年级：1～6 年级

🔵 游戏意涵

划龙舟是中国传统节日端午节的重要习俗，起源于江浙地区，最初是我国人民祛病防疫的节日，后因爱国诗人屈原在这一天逝世，便成了中国汉族人纪念屈原的一项活动。

🔵 游戏目的

1. 了解赛龙舟的文化意涵。

2. 发展上肢力量及力量耐力。

3. 培养团结协作、奋勇争先的集体主义精神。

🔵 游戏方法

在光滑的室内轮滑场地，以体操垫为"龙舟"，4 名学生一组，跪在体操垫上，双手撑在体操垫的两侧。比赛开始，小组成员齐心协力从起点线出发，向后撑地，向前滑行，直到体操垫前沿接触到终点线比赛结束，用时少的小组获胜。

🔵 游戏规则

1. 发令前船头不能超过起点，船头触到终点线即游戏结束。

2. "龙舟"必须在自己的赛道里前进，不得窜道。

🔵 场地器材

体操垫 10 个、彩色胶带 2 卷。场地布置如图 62 所示。

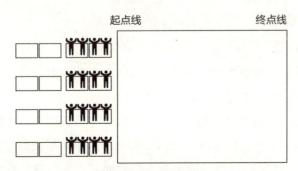

图 62 场地示意图

🔵 注意事项

1. 根据学生运动能力水平进行分组，确保四组能力相差不大。
2. 根据学生人数调整分组，适当提高练习密度。

🔵 拓展建议

1. 在行进途中设置障碍物，队伍在行进过程中需绕过障碍物抵达终点。
2. 由多人划龙舟变成单人、双人划龙舟，抵达终点后返回与下一名学生接力。
3. 在行进途中设置端午节答题环节，答对的小组可以继续前进，答错的小组要受到相应的惩罚。如集体做 5 个蹲起或者开合跳，完成以后再继续划向终点，或者返回起点再折返答题，直到答对为止再继续前进。

（创编教师：北京亦庄实验小学　董向宇）

63 和衷共济

适用年级：3 ~ 6 年级

🔵 游戏意涵

"和衷共济"出自《尚书·皋陶谟》："同寅协恭和衷哉。"意思是指大家一条心，共同渡过江河。比喻同心协力，克服困难。

🔵 游戏目的

1. 提高身体协调性、灵敏性及跳跃能力。
2. 培养团结协作、勇于克服困难的意志品质。

🔵 游戏方法

全班分成人数相等的红、蓝 2 队，每队 3 人为一组，手拉手围成一个圈站立，3 人中间放一个足球，站在起点线后做好准备。听到"哨声"后，3人立即共同夹球向前走，遇到一条小河，其中一人双脚夹球将球送过小河后自己再用双脚跳过河，另外两人利用双脚跳跨过小河尽快截住球，确认 3 人都过河后，3 人继续夹球绕过前面的大树返回起点，击掌后将球传给本队的第二组队员，第二组继续。以此类推，完成接力，直到本队最后一组完成，比赛结束，用时短的队伍获胜。

🔵 游戏规则

1. 足球不能出圈，若有出圈现象，从哪里出圈就从哪里开始重新夹好球继续前进。

2. 必须利用双脚跳跨过小河。

3. 到达终点后必须绕过大树后再返回。

4. 交接球时必须在起点线处击掌。

🔵 场地器材

长 40 米、宽 20 米的平整场地，在场地上画两条相距 30 米的平行线为起点线和终点线。足球 2 个、小体操垫 2 块、标志杆 2 个。场地布置如图 63 所示。

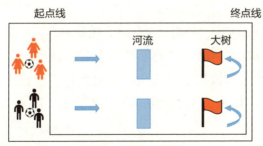

图 63 场地示意图

🔵 注意事项

1. 游戏开始前做好准备活动，避免受伤。

2. 事先进行尝试性练习，防止摔倒。

🔵 拓展建议

1. 游戏人数可变成每组 4 人、5 人或多人。

2. 可以增加多个障碍。

3. 可以将足球的数量增加至 2 个或 3 个。

（创编教师：北京市房山区城关小学　张文凤）

64 画龙点睛

适应年级：3 ～ 6 年级

游戏意涵

唐代张彦远《历代名画记·张僧繇》："金陵安乐寺四白龙不点眼睛，每云：'点睛即飞去'。人以为妄诞，固请点之。须臾，雷电破壁，两龙乘云腾去上天，二龙未点眼者见在。"比喻作文或说话时在关键地方加上精辟的语句，使内容更加生动传神。

游戏目的

1. 了解"画龙点睛"的成语典故，提升文化素养。

2. 发展对小足球的控制、运球和击准能力。

3. 培养团队合作精神。

游戏方法

将学生平均分成 4 组，每组 3 个足球，由队尾学生发起传球任务，所有学生依次完成 20 次左右脚交替拉球后传给排头学生，当排头学生接到球后，从起点线迅速出发并完成绕"S"运球，抵达射门线位置后，利用脚背内侧射门的方式进行射门，进球后运球从侧面返回队尾。相同时间内，进球次数多的小组获胜。

游戏规则

1. 绕"S"运球时，不能漏标志桶，否则需退回起点线重新开始。

2. 射门时不能超过射门线，没有射中需重新进行射门，直至射中为止。

场地器材

标志桶 20 个、彩色胶带 1 卷、足球 12 个、球门 4 个。场地布置如图 64 所示。

注意事项

1. 根据学生射门水平调整射门距离。

2. 各组可互派一名学生作为传球练习时的监督员。

拓展建议

1. 可将足球运球改为羽毛球或乒乓球托球走，球门改为地面标志物或乒

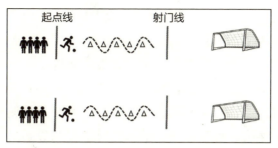

图64 场地示意图

乓球台上标志物，进行发球击准练习。

2. 可将足球运球改为篮球运球，足球射门改为篮球投篮。

（创编教师：北京亦庄实验小学 余鹏飞）

65 红色背篓

适用年级：3 ～ 6 年级

● 游戏意涵

"红色背篓"讲述的是60多年前北京房山区周口店供销社黄山店分销店负责人王砚香带领党员职工无论刮风下雨，常年背背篓上山，坚持为百姓送货上门，持之以恒为人民服务的故事。当时此举先后受到中央和地方政府的高度赞扬，被百姓称为"背篓商店"的黄山店分销店也因此成为全国财贸战线的一面旗帜，王砚香同志也成为全国商业劳动模范。"红色背篓精神"就是一种以人为本，不怕吃苦，艰苦奋斗，全心全意为人民服务，甘于奉献的精神。

● 游戏目的

1. 掌握向不同方向快速跑的动作方法。

2. 发展身体协调性、灵敏性和快速奔跑能力。

3. 培养不怕吃苦的"红色背篓精神"，提高团结协作能力。

● 游戏方法

将长25米、宽20米的长方形场地（标有地名）划分成两块。把学生分成人数相等的甲、乙两队，每队再平均分成人数相当的两个小组，分别站在起跑线后和长流水村的位置。

教师发令后，每队起跑线后的第一名学生拿起背篓快速跑向背篓商店装物资，装好一个沙包后，迅速沿着涞沥水村方向跑向长流水村，将物资交给在长流水村等候的学生，然后迅速原路返回，将背篓传递给在起跑线后的下一名学生。同伴接过背篓后，按相同方法和路线继续运送物资，长流水村接到转运物资的学生，迅速沿泗沟村方向跑向葫芦棚村运送物资，到达地点将物资放好后，迅速原路返回起跑线处，将背篓传递给下一名转运物资的同伴。同伴接过背篓后，继续按相同方法和路线运送物资。以此类推，将物资全部送达，用时最少的队获胜。

游戏规则

1. 必须用双肩背背篓的方式进行物资运送，不能用手代替双肩。

2. 必须按照规定路线运送物资，中途如有物资掉落，需在原处捡起后继续游戏。

场地器材

背篓 4 个，沙包每组 4 ~ 8 个（个数要相等，可适当加入小垒球、排球、篮球等，提高难度和趣味性）。场地布置如图 65 所示。

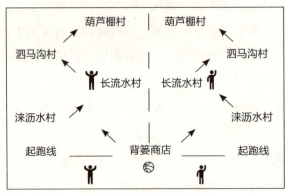

图 65 场地示意图

注意事项

1. 根据学生人数调整分组，适当提高练习密度。

2. 运输过程中注意安全。

● **拓展建议**

学生自制背篓，作为以后上体育课的备用器材，并宣传"红色背篓精神"。

（创编教师：北京市房山区周口店中心小学　李志伟）

66 扁担抢收

适用年级：5～6年级

● **游戏意涵**

扁担在中国传统生活中无处不在，人们常用扁担挑水担柴。红四军军长朱德曾用扁担和红军指战员一起挑粮。扁担闪闪亮，朱军长带头挑粮上井冈，井冈兵强马又壮，粮食充足装满仓。

● **游戏目的**

1. 掌握挑扁担的方法。

2. 发展在奔跑中维持平衡的能力。

3. 激发参与劳动的热情，体验收获的快乐。

● **游戏方法**

将学生分成 4 组，两两相对在圆形标识上呈十字形站立，圆中心"菜地"上放置若干土豆。各组第一名学生挑起扁担，当听到教师口令后出发跑到菜地，分别给两筐装入土豆，然后原路返回，将扁担传给下一名学生后排至队尾，依次进行。最先收完土豆的组获胜。

● **游戏规则**

1. 每次两筐均需装入一个以上土豆，不装土豆的队伍取消比赛成绩。

2. 跑动中随时注意筐里的土豆，如掉落则需原地拾起装回筐中再继续跑动。

● **场地器材**

扁担 4 根、筐 8 个、沙包（土豆）若干。场地布置如图 66 所示。

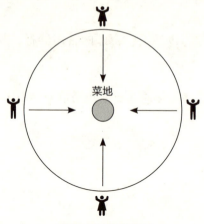

图 66　场地示意图

● **注意事项**

1.比赛开始前让学生练习挑扁担动作。跑动中随时关注筐，维持两筐平衡。

2.根据学生人数调整分组，适当提高练习密度。

● **拓展建议**

1.可在"菜地"中混入红薯、南瓜等，比学生眼力，增加趣味性。

2.可两人合作，一人负责挑扁担，另一人负责收土豆。

3.可在跑动路上设置体操凳当田埂，增加游戏难度。

（创编教师：北京市房山区城关小学　周　青）

第七部分

综合游戏

67 芒种忙种

适用年级：1 ~ 2 年级

● 游戏意涵

芒种是二十四节气中的第 9 个节气。民谚"芒种不种，再种无用"。芒种是一个耕种忙碌的节气，民间也称其为"忙种"，正是南方种稻与北方收麦之时。本游戏通过对此节气的介绍，激励学生抓住光阴，积极参与体育锻炼，感受"劳动最光荣"。

● 游戏目的

1. 发展上、下肢力量，增强体能。

2. 培养团结协作的能力和规则意识。

3. 培养民族精神和文化自信。

● 游戏方法

将学生平均分成高粱、玉米、水稻 3 组，自由在活动区移动，所有学生在游戏开始之前一起念："芒种忙种种秋粮，玉米高粱都种上，高地芝麻洼地豆，雨插红薯栽稻秧"。然后教师立刻随机举起一幅画，如教师喊"水稻"，高粱和玉米组学生立刻做 3 个深蹲，然后两两结合形成抢收组。同时水稻组的所有学生变成矮人走向四个角的存粮区。组织好的抢收组迅速把未移动到存粮区的粮食，用篮子抱至收获区。游戏结束后，场地上哪个小组所剩人数最多，哪个组即为获胜组。

● 游戏规则

1. 未及时做深蹲的学生自动进入收获区。

2. 未及时矮人走的学生自动进入收获区。

3. 所有学生在指定区域内完成教师设计的种粮动作。

● 场地器材

宽阔的场地、提示牌 6 块。场地布置如图 67 所示。

● 注意事项

1. 根据学生年龄特点和实际需要调整运动负荷。

2. 强调安全注意事项和游戏规则。

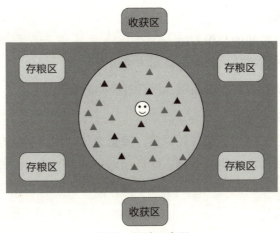

图 67　场地示意图

● 拓展建议

1. 在熟练的基础上逐渐提升难度，每个颜色代表不一样的动作，没有点到自己所代表颜色的学生先完成动作。如先做 5 秒平板支撑，再进行抢收。

2. 进入收获区的学生可在其他学生继续游戏时围成圈跳《芒种》韵律操。

（创编教师：北京亦庄实验小学　杨　帆）

68 ▶ 抽陀螺

适用年级：1 ～ 2 年级

● 游戏意涵

抽陀螺是一种古老的民间传统体育游戏，是用鞭子连续抽击一圆锥形物体，使之在平滑地面上旋转的活动。抽陀螺历史悠久，山西夏县西阴村仰韶文化遗址中曾出土陶制小陀螺。陀螺有陶制、木制、竹制、石制多种，以木制居多。木制陀螺为圆锥形，上大下小，锥的尖端常加铁钉或钢珠。游戏时，以绳绕陀螺使其旋于地面，再以绳抽打，使之旋转不停。

● **游戏目的**

1. 掌握抽打陀螺的动作方法。

2. 增强身体协调性、腕部力量和手眼协调能力。

3. 培养勇于挑战的意志品质，提升对民间游戏的兴趣。

● **游戏方法**

听教师口令，用绳子绕住陀螺后，降低身体，用力将绕在陀螺身上的绳子拉开，使陀螺在地上快速旋转，然后用绳子抽打陀螺。陀螺旋转时间最长者获胜。

● **游戏规则**

1. 分边法。将参加游戏的学生分成 2 组，所有学生一起抽陀螺，看哪一组的陀螺先倒地，倒地的陀螺称为"死陀螺"。

2. 固定玩法。在地上画一个圆圈，在圆圈的中央再画一个小圆圈，各人轮流将自己的陀螺往小圆圈里打，使陀螺能旋转进来。如陀螺已固定在一点上旋转，可用绳子将它圈出来，只要陀螺到达圈外还在旋转，就算赢。

● **场地器材**

陀螺若干、绳鞭若干。场地布置如图 68 所示。

图 68　场地示意图

● **注意事项**

1. 听哨声开始游戏，注意安全，不要抽到同学。

2. 根据学生人数调整分组，适当提高练习密度。

● **建议拓展**

可以体验在冰面上抽陀螺。

（创编教师：北京市房山区周口店中心小学　李志伟）

69 狮子戏球

适用年级：1 ～ 2 年级

● 游戏意涵

狮子象征着吉祥如意，狮子戏球是舞狮活动的一项重要内容，在我国流传已久。从北方到南方，从城市到乡村，逢年过节及庆典现场都可以见到欢快的舞狮活动。狮子戏球的有趣过程把人们的欢喜心情表达得淋漓尽致，寄托着民众消灾除害、求吉纳福的美好愿望。

● 游戏目的

1. 了解我国传统习俗，加深对传统文化的认识。

2. 发展足球控球技术和身体的协调性，增强球感。

3. 培养传承传统文化的意识，增强对传统文化的自豪感。

● 游戏方法

球场内划分多个区域，分别代表荡球表演舞台区域、踩球表演舞台区域、拉球表演舞台区域、停球表演舞台区域。游戏开始，学生自由散开，每人一个足球，模仿小狮子的动作自由活动。教师发出"狮子荡球""狮子踩球""狮子拉球""狮子停球"的任意口令，发令同时倒数计时，学生需要在倒数结束之前到达相应表演区域，并且开始规定动作的表演。

● 游戏规则

1. 倒计时结束后，表演成功的小狮子每人计 1 分，未在相应区域完成规定动作的小狮子不加分，最终谁的分数最多，谁获得"狮王"称号。

2. 游戏过程中不能用手触球，要用正确的足球动作。

3. 控制好自己的足球，不能让球离开自己 2 米以上。

4. 故意影响别人表演的不能得分。

● 场地器材

足球场地 1 块、每人 1 个足球、区域的提示标志物。场地布置如图69-1、图 69-2 所示。

● 注意事项

1. 每组参与表演活动的学生不宜过多，避免发生危险。

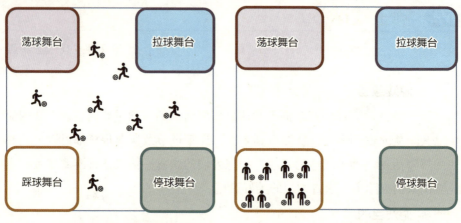

图 69-1　场地示意图① 　　　　　　　图 69-2　场地示意图②

2. 技能的学习要循序渐进，学生要有一定的练习基础。

3. 教师要根据学生站位和体能表现，进行口令的灵活变换，避免学生受伤。

● 拓展建议

1. 可以多选择几个活动区域，同时限定每个区域表演的人数。

2. 增加小狮子表演动作效果的额外加分。

3. 当学生熟练掌握游戏规则之后，采用小组积分赛制进行游戏。

4. 可以进行多组轮换表演，轮休的组来当裁判。

（创编教师：北京小学大兴分校亦庄学校　房铁柱）

70 ▶ 送福入门

适用年级：1 ~ 2 年级

● 游戏意涵

正月初一迎新岁。各家各户焚香致礼，敬天地、祭列祖、依次给尊长道贺新年，继而同族亲友互致祝贺。这一天人们都会早早起来，打扮得漂漂亮亮，带着礼物，出门去走亲访友，恭祝新年大吉大利，表达美好祝愿。

● **游戏目的**

1. 了解春节拜年送福的相关习俗，加深对传统节日春节的认识，增强文化自信。

2. 发展身体协调性，强化腰部和上肢的力量。

● **游戏方法**

将学生分成两组，两组人员间隔站立，围成一个圆形，弯腰弓身，双手十指相扣当"福锤"，相邻的学生双脚分开当自家"福门"。

用一个软式排球当"大福"，学生用"福锤"将"大福"敲击送到另一组的"福门"中，允许用福锤把"大福"挡出去接力，看"大福"最终被送到那组的"福门"中。

整个送福的过程中，所有学生齐念儿歌：小孩小孩你别馋，过了腊八就是年。二十三，糖瓜粘，二十四，扫房子，二十五，磨豆腐，二十六，炖羊肉，二十七，杀公鸡，二十八，把面发，二十九，蒸馒头，三十晚上扭一扭，初一送福到门口，到门口。

"大福"进入"福门"，即送福成功。被送福成功的学生，要捡球回来，然后鞠躬感谢大家的祝福，完成后再开始下一局，依次进行。

● **游戏规则**

1. 每组送福成功，记1分，先达到5分的组获得胜利。

2. 调整双脚的位置，保持所有参与者"福门"大小一致。

3. 直接发球打进"福门"的不算。

4. 不能用福锤"停球"，只能敲击。

● **场地器材**

平整场地1块、软式排球若干。场地布置如图70所示。

图 70 场地示意图

● **注意事项**

1. 游戏按照5分一局，打完一局可以休息一下，不要连续游戏，避免疲劳。

2. 提示学生击球时，双脚不要弯曲，避免擦伤手。

● 拓展建议

1.加入变化机制，如第一轮双手，第二轮单手，进行交替游戏。

2.将一圈人分组，小组送福成功加入积分奖励。

3.可以增加球的数量，以增加练习难度。

4.小组学生可以随意调换站位。

5.送福儿歌可以变换或引导学生自编。

（创编教师：北京小学大兴分校亦庄学校　房铁柱）

71 蔬菜运动会

适用年级：1～2年级

● 游戏意涵

《一园青菜成了精》是根据趣味十足的童谣创作的图画书，本游戏借鉴了书中的内容。书中巧妙地总结了青菜们的特性：小葱青秆绿叶儿长得直，韭菜的叶片狭长而扁平，大蒜成熟后一瓣瓣裂开，辣椒浑身红通通，茄子紫胀圆滚滚。通过童谣将每一种蔬菜活灵活现地展示出来，仿佛这些蔬菜都是有生命的精灵，活力十足。如果这些精灵古怪的蔬菜在一起开一次运动会，那一定会热闹非凡！

● 游戏目的

1.提高反应速度和位移速度。

2.培养顽强拼搏的品质，并在游戏中学会分享和交流。

● 游戏方法

游戏开始前，将全班学生平均分成2个组，两组学生相互手拉手结对子，结好对子后通过报菜名的方式让每个小对子选择一个蔬菜名称，选好后所有人手拉手围成一个大圈，结对子的两个人左右相邻，并互为对手。教师作为裁判站在中间。游戏开始，教师报菜名，当互为对手的两颗"蔬菜"听到自己的菜名时，立即贴着圈外侧向相反的方向奔跑，并在中途跨过"小河"（障碍物），绕过"树林"（标志杆），爬过"草地"（体操垫）。最后快速跑到自己的"菜地"，最先到达"菜地"的学生获胜，获胜者可对输掉比赛的学生提出转圈、蹲起、提膝跳等体能练习要求，也可以让其说出自己所代表蔬菜的相关知识。

🔵 游戏规则

1. 听到信号后开始奔跑的"蔬菜"只能围着圈外跑，且在中途相遇时不能影响到其他比赛的"蔬菜"，如果没有围着外圈或故意干扰其他"蔬菜"视为犯规，自动判输。

2. 跑动一圈后以脚先在自己"菜地"站稳的"蔬菜"为胜。

🔵 场地器材

篮球场半块、小篮架 3 个、标志杆 6 个、体操垫 3 块。场地布置如图 71 所示。

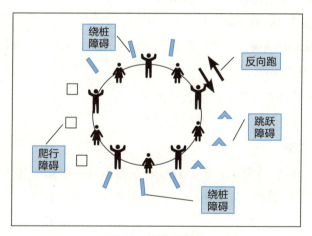

图 71　场地示意图

🔵 注意事项

由于游戏过程中是向反方向跑，因此在中途相遇时要提醒学生小心躲避，注意安全。

🔵 拓展建议

此游戏不仅可以通过报蔬菜名的方式给出比赛开始的信号，还可以通过展示蔬菜的图片、描述蔬菜的特征、再现绘本中童谣暗指的蔬菜等方式让学生辨别是否在给自己这一组信号。这样不仅可以使游戏更有悬念，还能让速度不是非常快的学生通过认真思考而抢得先机，培养学生的思考能力和判断能力，让游戏更加有趣。

（创编教师：北京亦庄实验小学　伏　超）

72　一网打尽

适用年级：1～6年级

● 游戏意涵

宋代魏泰在《东轩笔录》卷四中有记载："刽待制元瑜既弹苏舜钦，而连坐者甚众，同时俊彦，为之一空。刘见宰相曰：'聊为相公一网打尽'。"后世据此典故引申出成语"一网打尽"。

"一网打尽"讲究的是智取而不是强攻，意指通过使用智慧和全面的思考，并要有得失的权衡，做到治本而不只是治标，彻底地消灭祸害。

● 游戏目的

1. 发展快速奔跑、协调配合及躲闪的能力。
2. 提高心肺功能，培养团结协作精神。

● 游戏方法

在操场上画半径为4～6米的圆圈作为鱼塘，根据学生人数，圆圈可大可小，鱼塘外大圈为鱼塘防护网。在鱼塘旁边画半径为2米的圆圈作为鱼筐。

把学生分成人数相等的3队，一队扮演拉渔网渔民，一队扮演鱼，一队扮演捡鱼渔民，三队角色通过"猜丁壳"确定。鱼在圈内（鱼塘）自由跑动，可以从渔网缝隙穿过，躲避渔网捕捉。如果跑出圈（鱼塘），要马上回去，以免被捉。鱼队不能跑出防护网，跑出防护网即视为被捉，继续跑动者，取消游戏资格。渔民队须三人以上手拉手结网捕鱼，单人、两人不能捕鱼，被鱼撞散的单人、两人要快速结网，否则出局。圈（鱼塘）外捡鱼的渔民负责抓获跳出鱼塘的鱼，以及拉网捕到的鱼，捕获的鱼放在鱼筐内。

● 游戏规则

1. 单个或两个渔民不能抓鱼。

2. 鱼筐内的鱼不能跑出鱼筐。

🔵 场地器材

平整场地、粉笔、彩色胶带。场地布置如图 72 所示。

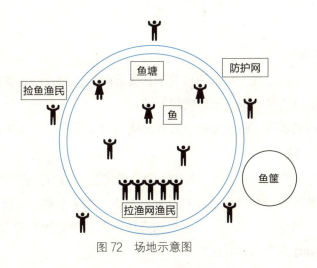

图 72 场地示意图

🔵 注意事项

1. 游戏开始前对学生进行安全教育。

2. 根据学生人数调整分组，适当提高练习密度。

🔵 拓展建议

1. 被渔网捕到的鱼也成为渔民，在规定时间内看看是鱼多还是渔民多。

2. 所有渔民必须手拉手连在一起捕鱼才有效。

（创编教师：北京市房山区城关小学 金 铃）

73 ▶ 冰雪游戏

适用年级：1 ～ 2 年级

🔵 游戏意涵

立冬是冬季的第一个节气，代表着冬季的开始。冬天大雪纷飞，大地银装素裹，孩子们可以一起玩堆雪人、打雪仗、滚雪球等游戏。本游戏设计了运雪球、堆雪球、抢雪球、打雪球的综合活动，旨在全面提升学生的运动能力和身体素质。

运 雪 球

● **游戏目的**

1.了解二十四节气，规范原地双手从头后向前投掷的正确姿势。

2.发展上肢力量，提升身体的协调性。

3.培养认真练习、听从指挥、遵守纪律、相互协作等优良品质。

● **游戏方法**

将学生平均分成 2～4 组，每组人数、雪球数量相等，成一路纵队站好。游戏开始，各组第一名学生从起点处呼啦圈内，双手拿球，双臂屈肘于肩上向后传给下一名学生。以此类推，直到最后一名学生把所有的雪球放到终点呼啦圈内。用时最少的小组获胜。

● **游戏规则**

1.听从游戏信号开始和结束。

2.采用规定的传球方法进行游戏。

3.如果球在中途掉落，需原地捡起后再继续。

● **场地器材**

呼啦圈若干、软式排球若干、标志物若干。场地布置如图 73-1 所示。

图 73-1　场地示意图

● **注意事项**

1.各组学生之间要保持适当的距离。

2. 相邻学生之间要默契配合。

● 拓展建议

运雪球时可采用双臂屈肘于肩上传球的形式，也可以采用一人肩上传球、一人胯下接球的形式。

堆 雪 球

● 游戏目的

1. 了解二十四节气，提高奔跑能力。

2. 发展下肢力量，提升身体的协调性与灵敏性。

3. 培养勇于拼搏、敢于战胜自我的意志品质，以及团结协作、合作学习的意识和能力。

● 游戏方法

将学生平均分成 2 ~ 4 组，每组人数、雪球数量相等。游戏开始，两人合作拿一个呼啦圈，将雪球从起点呼啦圈内滚动到终点呼啦圈内，返回起点后传给下一组队员，排在队尾。直到所有雪球运完为止。用时少的小组为胜。

● 游戏规则

1. 听从游戏信号开始和结束。

2. 在游戏过程中，身体不能触碰到球。

3. 全程需要两人合作将雪球滚动到目的地。

4. 如果中途丢球，需原地调整好后再继续。

● 场地器材

呼啦圈若干、软式排球若干、标志物若干。场地布置如图 73-2 所示。

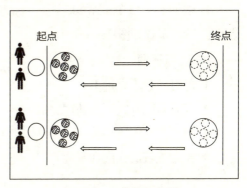

● 注意事项

1. 两人要配合默契，共同完成。

2. 各组之间要保持安全距离。

图 73-2 场地示意图

● **拓展建议**

可以由双人合作变成单人独立完成。

抢 雪 球

● **游戏目的**

1. 了解二十四节气，提高奔跑能力。

2. 发展下肢力量、促进身体的协调性与灵敏性。

3. 培养勇于拼搏、敢于战胜自我的意志品质，以及团结协作、合作学习的意识和能力。

● **游戏方法**

将学生平均分成4组，每组2人、2个呼啦圈和2个雪球。相邻两组等距离站好。游戏开始，两人合作拿一个呼啦圈去抢其他组的雪球，将雪球滚动到自己的呼啦圈内，先得到4个雪球的小组为胜。

● **游戏规则**

1. 听从游戏信号开始和结束。

2. 在游戏过程中，不能用身体触碰到球。

3. 全程需要两人合作将雪球滚动到目的地。

4. 每次只能抢一个雪球。

5. 如果中途丢球，需原地调整好后再继续。

● **场地器材**

呼啦圈若干、软式排球若干、标志物若干。场地布置如图73-3所示。

● **注意事项**

1. 每组人数不宜过多。

2. 两人要配合默契，共同完成。

3. 四组之间距离相等。

4. 注意练习的强度和密度。

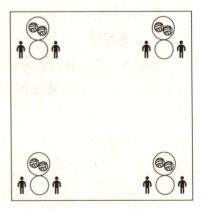

图 73-3　场地示意图

◉ **建议拓展**

可以由双人合作变成单人独立完成。

打 雪 球

◉ **游戏目的**

1. 了解二十四节气，提高原地投掷的能力。

2. 发展上肢力量，提升身体的协调性与灵敏性。

3. 培养听从指挥、遵守纪律、克服困难等优良品质，养成投掷练习时注意安全的意识和习惯。

◉ **游戏方法**

将学生分成人数相等的两队，每队又分甲、乙两组。每人一个白色海绵球，相对成正方形位置站在预备线后。游戏开始，1 队甲组队员快速跑向乙组队员进行击掌并站好，乙组队员迅速跑到甲组位置。此时 2 队甲、乙组队员分别采用原地双手从头后向前投掷的方法，用海绵球投击 1 队甲、乙组队员头部以下位置。1 队甲、乙组队员在场内躲闪，如果被击中，则依据人数扣除本队相应分数。游戏进行到规定时间后两队交换，最后以扣分少的队为胜。

◉ **游戏规则**

1. 听从游戏信号开始和结束。

2. 双方两组队员在规定位置站好，不得越线。

3. 采用规定的投掷方式进行游戏。

4. 只能跟对面队员击掌。

5. 只能投击对方头部以下部位，否则无效。

◉ **场地器材**

海绵球若干、标志物若干、足球场或篮球场 1 块。场地布置如图 73-4所示。

◉ **注意事项**

1. 根据学生实际情况设定游戏距离。

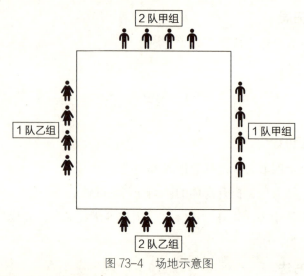

图 73-4　场地示意图

2.加强安全教育，注意练习的密度和强度。

● 拓展建议

1.1 队甲、乙组队员可以同时跑，2 队甲、乙组队员同时投击对方。

2.可以使用更小的海绵球，采用原地单手正对投掷方向或者原地单手侧对投掷方向的投掷方式进行游戏。

（创编教师：北京市房山区周口店中心小学　黄战丽）

74　猜丁壳

适用年级：3 ～ 4 年级

● 游戏意涵

"猜丁壳"是一种流传多年的猜拳游戏。它起源于我国，然后传到日本、朝鲜等地，到了近现代逐渐风靡世界。时至今日，"猜丁壳"依旧被运用在很多体育游戏中。

● 游戏目的

1.提高注意力、快速反应能力以及身体灵敏性。

2.培养机智果断、诚实守信的优良品质。

● **游戏方法**

将学生分成单数、双数两队，分别站在场地中线两侧。

1. 单手猜拳。

"剪刀"赢了走两步，"布"赢了走五步，"石头"赢了走十步，看谁先到达终点。

2. 双手猜拳。

双手都赢对手，则可跑到底线再回来。

3. 手脚混合猜拳。

赢了的学生可以选择当"警察"，也可以当"小偷"。如果赢的学生模仿"警察"动作，并说"不许动"，输的学生就要模仿"小偷"马上蹲下双手抱头，看谁反应快。

● **游戏规则**

1. 猜拳时，如果出拳速度不一致，需重新猜拳判输赢。

2. 听信号同时出拳后，不得变拳。

● **场地器材**

长30米、宽15米的平整场地1块、标志牌20个。场地布置如图74所示。

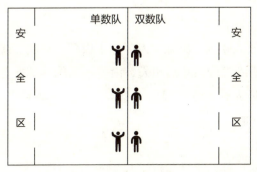

图74 场地示意图

● **注意事项**

根据学生人数调整分组，适当提高练习密度。

● **拓展建议**

通过"警察"与"小偷"的游戏，练习快速跑，增强学生的正义感。

（创编教师：北京市房山区周口店中心小学 李志伟）

75 同舟共济

适用年级：3～6年级

● 游戏意涵

春秋战国时期，吴、越两国连年交战，两国百姓彼此在感情上也很难共鸣。有一次，吴国人和越国人碰巧同乘一条船渡河。起初他们都不理睬对方。船至河心，狂风骤起，霎时惊涛骇浪迎面扑来，船随时有可能沉没。这时，两国人忘记了仇恨，相互救济，好像一家人一样。由于全船人齐心协力，最终他们安全到达对岸。

"同舟共济"的本义是坐一条船，共同渡河，后比喻团结互助，同心协力，战胜困难。

● 游戏目的

1. 掌握木板鞋竞速的技术。

2. 提高身体的灵敏性和协调性。

3. 培养不怕吃苦、团队合作的精神，体会同舟共济的文化内涵，提升对中华优秀传统文化的学习兴趣。

● 游戏方法

将全班学生分成4队，每队3人穿好木板鞋，在起点线处站好，鞋头不能超过起点线。听到教师口令后出发，沿着本队的赛道比赛，所有学生动作协调前进，鞋尾最先到达终点线的小组得1分，比赛完成后计算各队总分，分数最高的队伍获胜。

● 游戏规则

1. 任何一只木板鞋在比赛开始前不得超过起点线。

2. 比赛过程中禁止串道。

3. 比赛中如果学生脚脱离木板触地，需在原处穿好后再继续比赛。

● 场地器材

长20米、宽10米的长方形场地，木板鞋4副。场地布置如图75所示。

● 注意事项

1. 树立安全意识，队员共同发力，防止摔伤。

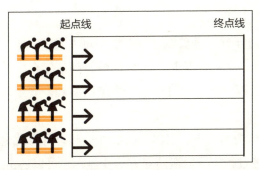

图 75　场地示意图

2.互帮互助，在比赛中如有脚脱离木板的现象，不要急于完成比赛，确定所有学生穿好后再继续比赛。

3.根据学生情况可适当调整比赛距离。

● **拓展建议**

1.可增加每组人数和本板鞋数量。

2.调整游戏形式为迎面接力赛。

（创编教师：北京市房山区城关小学　刘娅潇）

76　勇夺泸定桥

适用年级：1～6 年级

● **游戏意涵**

1935 年 5 月，红军北上抗日，向天险大渡河挺进。红军战士们拿着短枪，背着马刀，带着手榴弹，冒着敌人密集的枪弹，攀着铁链向对岸冲去。在十分艰险的情况下，战士们表现出了奋不顾身、不畏艰险、英勇顽强、勇往直前的革命精神和崇高品质。

● **游戏目的**

1.提高投掷能力。

2.在游戏过程中发展上肢肌肉力量。

3.培养团结协作、不畏艰险的品质。

游戏方法

1. 比赛分为防守方和进攻方。每方学生每人发3～5个沙包。进攻方分为两组，一组过桥，另一组掩护。成功过桥并到达安全区的学生回到起点参与掩护，在游戏过程中被沙包打中的学生退出游戏。规定时间内成功过桥人数多的队获胜。

2. 进攻方利用匍匐前进、肘膝爬行、跪姿爬行等方式通过指定区域，到达安全区。在通过过程中要躲避防守方的沙包，也可以还击。

游戏规则

1. 进攻方必须在指定区域行进，被击中的学生退出游戏。

2. 防守方必须在指定区域投掷沙包，被打中的学生退出游戏。

3. 规定时间内两队互换，到达安全区人数多的队获胜。

场地器材

长30米、宽15米的平整场地1块、沙包150个。场地布置如图76所示。

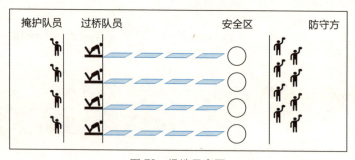

图76 场地示意图

注意事项

1. 不能用沙包攻击对方学生的头部。

2. 进攻学生爬行进攻时动作要规范。

拓展建议

1. 经过多次练习后，可以尝试增加其他器材，如实心球（地滚）、软式排球等。

2. 熟悉游戏后，可以尝试在进行过程中设置一些简单的障碍。

（创编教师：北京市房山区城关小学　张　伟）

77 兴高"踩"烈

适用年级：1 ~ 6 年级

● 游戏意涵

踩高跷俗称"缚柴脚"，也称"高跷""踏高跷""扎高脚""走高腿"，是我国北方民间盛行的一种群众性技艺表演活动。据说踩高跷是古代人为了采集树上的野果而给自己的腿上绑两根长棍而发展起来的一种跷技活动，体现了古代劳动人民的智慧。

● 游戏目的

1. 发展上下肢力量和平衡能力，提高协调性和灵敏性。

2. 提高对传统活动踩高跷的兴趣，发展创造力，培养勇于克服困难的勇气。

3. 加深对传统文化"踩高跷"的了解，提升文化自信。

● 游戏方法

脚底中心踩在自制"高跷"（将易拉罐穿孔，用短绳穿过制作而成）上，双手拉直绳子，眼睛向前看。在规定路线上设置指定图形，学生分组站在起点位置，当听到哨声后开始出发，学生踩"高跷"通过直线走、圆形走和蛇形走到达折返处返回。最后对每组的花式踩"高跷"表演进行投票，看看哪组走得最好，选出一组"高跷王"。

● 游戏规则

1. 按照指定路线和距离行走。

2. 踩上"高跷"后，若双脚离地，需原地重新上"高跷"。

3. 保持前后安全距离。

● 场地器材

空旷安全的场地或操场，自制"高跷"（将易拉罐穿孔，用短绳穿过制作而成；也可在木块（厚度为 10 ~ 15 厘米）上面设计绑带）若干。场地布置如图 77 所示。

● 注意事项

1. 游戏开始前对学生进行安全教育。

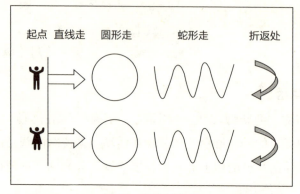

图 77　场地示意图

2. 在刚接触"高跷"时容易掉下，需要两人一起互相帮助练习。

3. 要和学生强调此游戏比谁更稳，团队之间要互相鼓励。

拓展建议

1. 规定方式，进行折返接力赛（如横着走、倒着走等）。

2. 规定方式，进行迎面接力赛。

3. 除了变换游戏方式，也可以通过变换"高跷"的高度来提高游戏难度，或者通过变换距离和折返方式，增加运动负荷和练习密度。

（创编教师：北京市房山区城关小学　金　铃）

78　击鼓传花

适用年级：3 ~ 6 年级

游戏意涵

击鼓传花是我国古代民间酒宴上的助兴游戏，属于酒令的一种，又称"击鼓催花"，在唐代时就已出现，后流行于全国各地。

游戏目的

1. 提高抛接能力，发展手眼协调能力及反应能力。

2. 了解我国传统文化，提升民族自豪感。

🔹 游戏方法

所有学生围成圆圈坐下或站立，其中一人拿花（或一小物件），再选一人背着大家或蒙眼击鼓（敲击桌子或其他能发出声音的物体），鼓响时众人开始依次传花，至鼓停为止。击鼓停止时，花在谁手中谁就要完成相应任务。

🔹 游戏规则

1. 击鼓开始才能进行传"花"。

2. 如果花在两人手中，则两人可通过"猜丁壳"的方式决定由谁来完成任务。

🔹 场地器材

花球（软式排球）、鼓、眼罩、室内或户外安全场地。场地布置如图78所示。

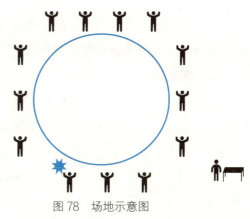

图78 场地示意图

🔹 注意事项

1. 如果学生人数较多，可分两组同时进行游戏。

2. 选用的传递物品以轻便为宜。

🔹 拓展建议

1. 增加两人之间的站位距离，由"手递手"传递变为"抛接"传递。

2. 人多的时候可以适当增加传递物的数量。

（创编教师：北京亦庄实验小学 石少锋）

79 巧手播种

适用年级：3～6年级

🔹 游戏意涵

"抓石子"的历史至少可以追溯到明代以前，是我国20世纪60～80年代十分流行的一项民间传统游戏。"抓石子"在各地叫法不同，有的叫"打石子""抛石子",在北方也被称作"抓子儿"。本游戏将"抓石子"的多种玩法与二十四节气中"谷雨前后,种瓜种豆"(华北平原)的农谚相结合,让学生在游戏中体验农事活动的乐趣。

● 游戏目的

1. 通过游戏中的抛、拨、抓握、洒等动作,提升手部骨骼、关节、肌肉的力量和灵活性。

2. 锻炼视觉追踪能力及手眼协调能力。

3. 培养勇于挑战的竞争意识和诚实守信的意识。

● 游戏方法

在面积为 3 ~ 4 平方米的平整场地上,分别标出种子仓库、种子分拣区、农田区,场地数量按学生 2 ~ 4 人一组进行布置。游戏开始前,学生站或蹲在分拣区外侧,在种子仓库捡拾一颗指定种子 A 做"引子"。

分拣环节:教师发令后,学生单手将种子 A 抛起,并迅速拨动仓库中的种子 B 到相应分拣区,在种子 A 落地前将其接住。按规定数量进行分拣,最先完成者获胜。运送环节:单手将种子 A 抛起后,迅速将分拣区中的种子 B 抓起并握在手中,在种子 A 落地前将其接住。将种子 B 运送到"农田"外边。按照上面的方法反复进行,直至将分拣区内的所有种子运送完。运送次数少者获胜。播种环节:单手将种子 A 抛起后,迅速抓握起农田外边的种子 B,在种子 A 落地前将其接住。将种子 B 点种到规定区域的农田。按照上面的方法反复进行,直至将所有的种子播种完。抛洒次数少者获胜。游戏采用三局两胜制。

● 游戏规则

1. 在分拣、运送、播种各环节,如有种子 B 落到规定区域外,需放回原处重新进行。

2. 在分拣、运送、播种环节,如种子 A 在抛接时落地,需将种子 B 放回原处。

● 场地器材

蚕豆、杏核、纸球等不同大小和种类的种子,体操垫或瑜伽垫若干。场地布置如图 79 所示。

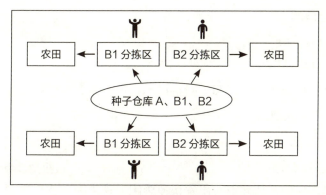

图 79　场地示意图

● **注意事项**

1. 游戏所用器材表面要平滑、大小要适中。

2. 学生将种子 A 抛起的高度不宜过高，避免伤到自己或他人。

3. 游戏结束需及时清洁手部。

● **拓展建议**

1. 教师可以将游戏玩法录制成小视频，通过网络平台做成二维码分享给学生，方便学生在家时练习。

2. 设计形式多样的比赛方式，以赛促练，并作为亲子游戏邀请家长参与其中，实现家校共育。

3. 加强非惯用手的练习，促进左右手协调发展。

（创编教师：北京市房山区周口店中心小学　张　萍）

80 ▶ 手足情深

适用年级：3 ～ 6 年级

● **游戏意涵**

"手足情深"成语出自元代关汉卿《魔合罗》第四折："想兄弟情亲如手足"，意为想起兄弟的感情好，就好像是手足一样亲近，形容兄弟姐妹或朋友之间的感情深厚。通过游戏，帮助学生建立良好的生生关系。

游戏目的

1. 发展快速跑的能力。

2. 提高身体的协调性、灵敏性，提高奔跑能力。

3. 培养团结合作的意识和不断拼搏的精神，体会中华优秀传统文化，激发对传统文化的兴趣。

游戏方法

将学生平均分成 2 队，每队 2 人一组。每组 2 人同时双手平持体操棒，听到开始的口令后，从起点线出发快速奔跑，跨越障碍物，遇到标志杆后顺时针绕杆转一圈后返回起点，再将体操棒传递给下一组学生。最先完成的队伍获胜。

游戏规则

1. 每组 2 人双手平持体操棒，途中不能松手。

2. 经过障碍物时需要跨越过。

3. 如中途体操棒脱落，则需回到脱落位置，重新平持体操棒继续进行。

场地器材

长 30 米、宽 8 米的长方形场地，体操棒 2 根，小栏架 4 个，标志杆 2 个。场地布置如图 80 所示。

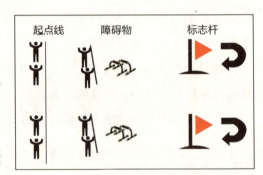

图 80　场地示意图

注意事项

1. 根据实际情况设置游戏难度，看是否需要设置障碍物。

2. 根据学情合理分组。

3. 提醒学生不要盲目追求速度，注意脚下，避免摔倒。

拓展建议

1. 每组可增加人数为 3 人。

2. 增加障碍物和标志杆数量，加大游戏难度。

（创编教师：北京市房山区城关小学　刘娅潇）

81 勇夺龙珠

适用年级：1～4年级

游戏意涵

爱国诗人屈原看到自己的国家被侵略，心如刀割，于农历五月五日写下了绝笔作《怀沙》，然后抱石投汨罗江自尽，用自己的生命谱写了一曲壮丽的爱国主义乐章。本游戏以入江勇夺"龙珠"为主题，培养学生的爱国主义情怀。

游戏目的

1. 发展上下肢协调配合的能力，提高对空间位置的感知能力。

2. 培养团结向上、勇于拼搏的意识。

3. 培养爱国主义精神。

游戏方法

将全班学生分成人数相等的4组，所有学生同时站在垫子上。当队尾垫子空出时，最后一名学生拿起垫子向前依次传递至最前面的学生，然后将垫子铺在地上，继续前进。先到达终点夺取"龙珠"的队伍获胜。

游戏规则

1. 传递垫子时不能扔，应在自己的能力范围之内快速将垫子传递给前面学生。

2. 双脚始终不能离开垫子，否则需返回重新进行。

场地器材

海绵垫12块、实心球4个。场地布置如图81所示。

注意事项

传递过程中不要推、撞其他学生。

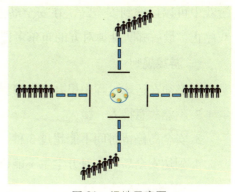

图81 场地示意图

拓展建议

1. 学生8人一组进行游戏较为适宜，练习熟练后可增加每组人数。

2. 在夺取"龙珠"过程中可以设置一定的障碍物，以增加难度。

3. 在练习过程中启发学生思考如何调整队形能使行进速度更快。

（创编教师：北京市房山区城关小学　张　伟）

82 形影不离

适用年级：3 ~ 6 年级

游戏意涵

"形影不离"出自清代纪昀《阅微草堂笔记·滦阳消夏录二》，本意是像形体和它的影子那样分不开。形容彼此关系亲密，经常在一起。

游戏目的

1. 发展快速躲闪的能力，提高身体的灵活性和协调性。

2. 在游戏中感受团队合作的魅力，培养团结协作的精神。

游戏方法

将学生分成人数相同的红队和蓝队，每队 6 人，每个人用彩色布条挂在身后做影子，每队学生每人手持一个篮球站在场地相对边线上，每条边线上站 3 人。游戏开始，所有人运球走向场地中间，运球时既不能丢球又要确保自己身后的布条不被扯掉，同时还要想方设法扯掉另一队学生身后的布条，游戏中可以运球到安全岛，在安全岛停留 3 秒后必须运球离开，5 分钟后游戏停止。最后哪队扯掉对方的布条多即获胜。

游戏规则

1. 必须在运球过程中想办法扯掉对方身后的布条。

2. 不能故意推人、撞人。

3. 安全岛停留时间不能超过 3 秒。

4. 到达安全岛后，对方学生不能再干扰。

场地器材

边长为 30 米的正方形平整场地，在场地中画两个呼啦圈大小的圆圈作为安全岛，篮球 12 个。场地布置如图 82 所示。

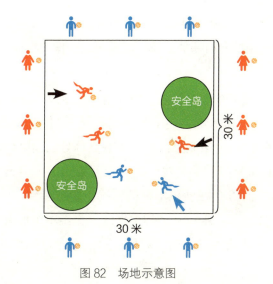

图 82 场地示意图

● 注意事项

提醒学生遵守游戏规则，注意安全。

● 拓展建议

1. 根据游戏人数确定场地大小。

2. 可以把布条换成纸条或者气球粘在身后，撕掉纸条或者抓爆气球多的队为胜。

（创编教师：北京市房山区城关小学　张文凤）

83 沙场点兵

适用年级：3～4年级

● 游戏意涵

沙场点兵出自宋代词人辛弃疾的《破阵子·为陈同甫赋壮词以寄之》。沙场即战场。沙场点兵是指古代军队出征前，召集并检阅即将出征的士兵，给战士下命令，布置任务。点兵的最大用意是鼓舞士气，为战士饯行。

● 游戏目的

1. 提升空间感和身体控制能力。

2.发展灵敏性、协调性和平衡能力，发展核心部位力量。

3.培养积极、果敢和拼搏的品质，以及团结协作的精神。

🔵 游戏方法

将学生平均分成4组，站在起点线后准备。游戏开始，每组第一名学生带一个沙包出发，到达第一关（紧急集合处），利用绳梯做灵敏性练习（如交叉侧点走等）。接着来到第二关（勇登高峰处），在体操垫上爬行，中间需爬过一个40厘米高的限高线。最后来到第三关（顶天立地处），将沙包放在头顶，双手打开，在沙包不掉的情况下走或者跑向终点线，拿起红旗并举起即完成任务。本组下一名学生继续，直至本组所有人都完成任务，本轮游戏结束，完成速度最快的组获胜。第一个全员完成的组可以兑换一面大红旗。

🔵 游戏规则

1.如果途中沙包掉落，要迅速回到掉落处捡起沙包再继续前进。

2.过第二关时不能触碰到限高线，否则需要重过此关。

🔵 场地器材

绳梯4个、体操垫8块、沙包、大红旗、小红旗、栏架、绳子。场地布置如图83所示。

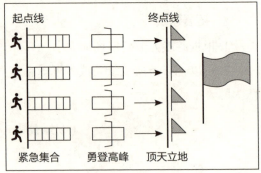

图83 场地示意图

🔵 注意事项

1.游戏开始前进行安全教育，提示学生要遵守规则，安全第一。

2.游戏开始前做好热身活动，避免发生运动损伤。

🔵 拓展建议

1.此游戏可拓展到5～6年级，根据学生能力提高每关难度，增加运动强度和运动量。

2.依据学生的兴趣和运动能力，调整游戏项目，丰富游戏内容。

（创编教师：北京市房山区周口店中心小学　李雪萍）

84 勇闯梅花桩

适用年级：5 ~ 6 年级

● 游戏意涵

梅花桩，又名梅花拳，起源于明末。梅花桩的布桩讲究上应天相，下合地时，中和节气。如"北斗桩"（又名七星桩）、"三星桩"等。梅花桩武功练形、练气、练神。通过梅花桩练习可以锻炼意志、塑造性格，使学生身体健康、精力充沛、心胸宽阔、精神愉悦。

● 游戏目的

1. 了解中华传统拳术梅花桩，巩固提高武术基本动作。

2. 发展学生上肢、下肢力量和身体的协调性。

3. 培养敢于挑战自我、勇于拼搏的精神。

● 游戏方法

将学生分成人数相等的 2 ~ 4 组，分别排成一路纵队。场地贴有红色、黄色、绿色圆形彩纸，代表梅花桩。游戏开始，各组第一名学生迅速向终点跑去，中途遇到红色桩做原地弹踢冲拳 3 次，遇到黄色桩做左右金鸡独立各 1 次，遇到绿色桩以武术行步快速绕过，在终点红色桩处做原地马步冲拳 3 次。做完动作快速返回起点，与第二名学生击掌后站到队尾，第二名学生出发。以此类推，直到本组所有学生完成任务，用时少的小组获胜。

● 游戏规则

1. 弹踢冲拳、金鸡独立、马步冲拳动作需在"桩上"完成，否则无效。

2. 绕绿色桩时，不能碰到绿色区域。

3. 起跑前必须站在起点线后，不得踏线。

4. 各组第一名学生听到哨声后才能起跑，下一名学生与前一名返回学生击掌后才能越过起跑线。

● 场地器材

标志物若干、彩纸若干。场地布置如图 84 所示。

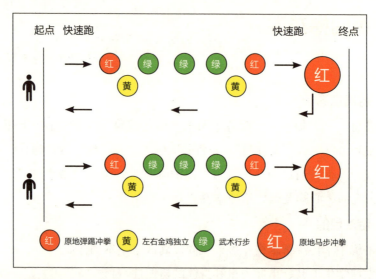

图 84　场地示意图

🔵 注意事项

1. 每组人数不宜过多。

2. 梅花桩按照相同间距摆放，距离不宜过大。

🔵 拓展建议

1. 可将贴纸换成真正的梅花桩，做相对应的武术动作。

2. 可以采取走桩的形式进行游戏，如走七星桩、三星桩等。

（创编教师：北京市房山区周口店中心小学　黄战丽）

85 游龙出海

适用年级：5 ~ 6 年级

🔵 游戏意涵

"游龙出海"出自宋代李方叔《画品》："一龙蜿蜒翔于水上，然先后之浪皆匀，未有翻涌喷薄之形，云气虽从，然不自水出。予见而知之，曰：'此非《游龙出海图》，乃《归龙入海图》也。'因以名之。"

武术是我国优秀的传统体育文化，它博大精深、源远流长，融合了中国传统医学、美学、礼学、哲学等思想，具有防身自卫、修身养性、锻炼意志、培养品德等功能。把"游龙出海"的姿态，用游戏的形式融入武术基本动作练习，使其更具有艺术性和挑战性。

● 游戏目的

1. 巩固并提高武术基本动作，发展上、下肢力量和身体协调性。

2. 培养团结协作、合作学习的意识和能力。

3. 感知武术文化，培养民族自豪感，传承与发扬民族精神。

● 游戏方法

将学生平均分成 2 ~ 4 组，各组排头双手叉腰，后面队员双手依次搭在前一人的肩膀上，连成一条"龙"。到达每个目的地，排头大声说出地名、拳种、动作名称，大家一起练习武术动作。游戏开始，游龙从北到南出游学功夫。第一站：来到北京学习杨式太极拳，练习"左右揽雀尾"1次。第二站：来到河南嵩山少林寺学习少林功夫，练习组合拳"马步格挡—弓步冲拳—马步架打"左右各 1 次。最后一站：来到广东佛山学习咏春拳，练习二字钳阳马、摆桩、连环冲拳各 3 次。游龙绕过太极图，学成归来，以最快的速度回到原点。武术动作做得最标准、最规范，用时最少的游龙获胜。

● 游戏规则

1. "龙身"不能断，即双手搭在前一人肩膀上，手不能掉下来。

2. 武术动作应标准、规范。

3. 起跑前必须站在起点线后，不得踏线。

4. 返回时需所有学生越过起点线。

● 场地器材

展板若干、图纸若干、标志物若干，篮球场或足球场 1 块。场地布置如图 85 所示。

● 注意事项

1. 每组人数不宜过多。

2. 太极拳、少林拳、咏春拳等动作需提前学会。

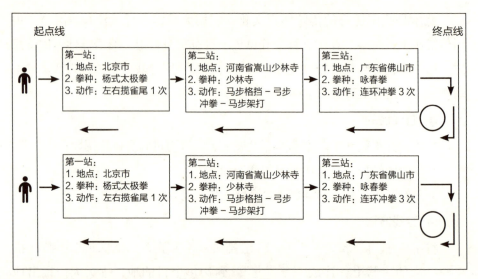

图 85　场地示意图

3.学生之间要密切配合，步法一致。

4.教师要及时提醒、指导。

● 拓展建议

1.可以适当增加其他武术之乡及其代表性武术动作。

2.在整套游戏中，设计不同图形方阵，如三角形、菱形、十字形等。

（创编教师：北京市房山区周口店中心小学　黄战丽）

86 陀螺作画

适用年级：5～6年级

● 游戏意涵

抽陀螺又叫"打陀螺""打老牛"，是我国少数民族传统体育运动会正式竞赛项目。本游戏组织学生运用陀螺在地面作水彩画，一起绘制奥运五环，感受奥运文化。

● 游戏目的

1.提升身体协调性、腕部力量。

2.加强击打陀螺的准确性。

3.通过绘制奥运五环，感受奥运文化。

● 游戏方法

将学生平均分成4组，每组学生每人分得一个陀螺和一根鞭绳，通过合作探究的方式，尝试各种方法，抽转出圆圈形状的陀螺行进痕迹。

练习结束后，开始进入比赛环节，教师提问奥运五环的含义，并讲解奥运文化知识，每个小组分得5根陀螺和5个鞭绳，5个陀螺的尖头处分别涂上蓝、黄、黑、绿、红颜色的水彩，每个小组尝试通过鞭打陀螺，在地面抽转出奥运五环的痕迹。在限定的15分钟内，看哪一组通过合作，最先抽转出奥运五环的图形。

游戏结束后，请优胜组分享奥运五环绘制过程，介绍陀螺作画的方法以及奥运五环的含义。

● 游戏规则

1.将场地平均分成4块，每组同学在自己区域内抽打陀螺作画，不得离开指定区域。

2.通过合作、探究，尝试用各种方法进行练习。

3.比赛时每组5个陀螺、5根鞭绳。

4.不得用其他方式代替陀螺作画。

5.教师提供水彩，供每个小组涂抹陀螺尖头绘制五环，色彩不明显时，需要用水彩润色。

● 场地器材

不同颜色的水彩、30～40个陀螺、30～40根鞭绳。场地布置如图86所示。

● 注意事项

1.根据学生年龄设定图画难度。

2.根据学生人数调整分组，尽量提高学生的参与度。

3.抽打陀螺时注意保持距离，避免抽打到其他学生。

图 86 场地示意图

● 拓展建议

1. 可以将奥运五环换成其他图形，如利用陀螺自由绘画、陀螺画海浪、陀螺画太阳等。

2. 将颜料换成彩色沙子，在彩色沙子上绘制奥运五环。

（创编教师：北京亦庄实验小学　许　韵）

87 饮水思源

适用年级：3～4年级

● 游戏意涵

小满是一个表示物候变化和降水量的节气。在丘陵地区，小满季节缺水严重会影响作物生长。在高高的梯田里，怎样将水运到高处呢？尤其是在古代，这个问题更加难以解决。本游戏旨在了解小满节气，认识远古时代劳动人民智慧的结晶——水车，感受种植粮食的辛苦，养成爱惜粮食的习惯。

● 游戏目的

1. 了解远古时代的高超技艺水车，感受种植粮食的辛苦，养成珍爱粮食、光盘行动的习惯。

2. 通过游戏发展跑、跳、爬的能力，不断提高身体素质和适应能力。

3. 培养敢于拼搏、挑战自我、团结合作的精神。

● 游戏方法

将全班同学平均分为4队，每队同学两两一组站在起点线后准备。游戏开始，每队第一组学生（甲乙）出发，跑到第一关（踩水车），两人各持呼啦圈摇跳5次，完成后两人继续带圈向前跑到第二关（取水）。两人站在小栏架旁，甲双手拉乙的一只手，乙单脚站立并用另一只手负责取前方的带线水瓶（距离脚约1米）。取4瓶水后，利用水瓶上的绳子将水瓶系在呼啦圈上。接着两人继续前行，合力将呼啦圈和水瓶抬到梯田处灌溉（放下即可），最后两人跑回起点，与本队下一组学生击掌后，下一组学生出发。依次进行，直至本队所有学生完成任务，游戏结束，完成任务用时最短的队伍获胜。

◉ 游戏规则

1. 两人配合取水时注意安全，脚不能越过小栏架。

2. 如果水瓶掉落，要及时取回并固定，然后再从掉落处继续出发。

◉ 场地器材

呼啦圈、标志桶、小栏架、带线的矿泉水瓶每人 1 个。场地布置如图 87 所示。

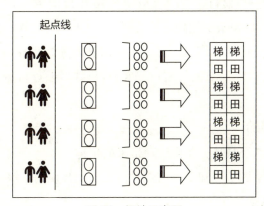

图 87　场地示意图

◉ 注意事项

1. 呼啦圈需光滑无刺，在游戏过程中注意安全。

2. 依据学情调整分组，保证游戏的公平公正。

◉ 拓展建议

1. 依据学生年龄适当调整学生运送水瓶的容量和个数，增加运动量。

2. 依据学生能力调整学生运水时的难度，如将运水动作设计为半蹲、背对、上举等，适当调整练习密度和强度。

（创编教师：北京市房山区周口店中心小学　李雪苹）

88 玩转二十四节气

滚 滚 铁 环

适用年级：5～6年级

● 游戏意涵

滚铁环是一种盛行于20世纪60～70年代的传统儿童游戏，玩的时候手握一个"U"形顶头的铁钩，推直径45厘米左右的铁环向前跑，推动并控制铁环保持线性运动。将二十四节气知识融入滚铁环游戏，创设具有一定的竞赛性、趣味性、知识性、观赏性的游戏形式，贴近自然，有利于学生身心健康。

● 游戏目的

1.掌握滚铁环技巧，享受运动带来的乐趣。

2.融入二十四节气知识，增强对传统文化知识的了解。

● 游戏方法

左手拿铁环，右手执把钩，置于铁环后下方，推动铁环垂直向前滚动，手臂与铁环成一条直线，手控制把钩，稍用力控制铁环向前向左向右滚动。人跟着滚动的铁环向前运动，努力保持铁环不倒。还可以通过手上的力量，控制铁环的速度。推动铁环，跟随《二十四节气歌》，沿24个标志桶组成的圆形场地滚动1周，每滚过一个标志桶，要说出与之对应的节气名称，从"立春"开始，至"大寒"结束。谁的铁环滚过的节气标志桶最多谁就获胜。

● 游戏规则

1.沿着标注了二十四节气的标志桶摆成的圆形场地推动铁环，从"立春"开始，至"大寒"结束，依次进行，看谁能够到达的标志桶最远，或是推满1圈者为胜。

2.可采用竞速计时，看谁推满1圈用时最少。

● 场地器材

平整空旷的场地、24个标注二十四节气的标志桶、铁环和把钩若干、秒表。场地布置如图88-1所示。

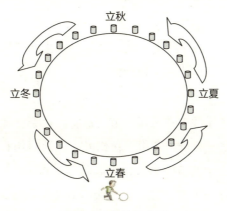

图 88-1　场地示意图

● 注意事项

强调安全第一，控制好手中的把钩，不要碰到其他人。

● 拓展建议

待参与游戏的学生技术动作熟练后，可进行50米绕杆和100米接力游戏。

1. 将参与游戏的学生分成4个小组，进行间隔10米的50米绕杆游戏。

2. 参与游戏的学生每4人一组，分成若干小组，从起点开始，进行100米滚铁环接力游戏。从起点开始推，第一接力区为20～25米处，第二接力区为45～50米处，第三接力区为70～75米处，先到100米者为胜。

（创编教师：北京市房山区周口店中心小学　李宏伟）

春 种 秋 收

适用年级：1～6年级

● 游戏意涵

二十四节气是我国古代农耕文明的产物。我国劳动人民根据二十四节气安排农耕生产，并经过几千年的劳动实践形成了丰富的经验总结。通过本游戏，可以培养学生的团队意识，帮助其了解我国优秀传统文化和劳动人民的智慧、经验，体验种植和收获的喜悦。

● 游戏目的

1. 了解农耕知识，传承经典文化，体验种植生产的乐趣。

2. 培养团结协作的集体主义精神。

● 游戏方法

游戏开始前，先让学生熟悉每个节气适宜种植哪种蔬菜。然后将 24 名学生，按照春、夏、秋、冬分成 4 组，每组 6 人。给每组设置 6 个装有沙土的塑料筐，分别写好二十四节气名称，沿起跑线，每隔 3 ~ 5 米，等距间隔摆放。每组在起点放置一个塑料盆，里面装有 6 个乒乓球，分别写有 6 种蔬菜的名称，每组的 6 名学生依次把这 6 个乒乓球分别对应埋入 6 个装有沙土的塑料筐。摸到哪个乒乓球就把它埋到相对应节气的沙土筐中。埋好后迅速回到队尾，先完成的组获胜。游戏开始前，在每个沙土筐中预埋 4 个乒乓球，比赛结束时，提示学生每人翻找一下自己种的沙土筐，看看是否有收获。翻找的同时，可以念首小歌谣："挖个坑，翻翻土，数个 12345，种 1 个，出 5 个，劳动光荣收获多！"以此作为游戏最后植物产出的象征，体验种植收获的喜悦。

● 游戏规则

1. 每个乒乓球所代表的植物必须埋入写有对应节气名称的装有沙土的塑料筐。

2. 快速、正确完成种植的小组获胜。

● 场地器材

干净、平整的场地，24 个装满沙土的塑料筐，24 把小铲，4 个塑料盆，120 个写有 24 种植物名称的乒乓球。场地布置如图 88-2 所示。

● 注意事项

1. 跑步过程中注意脚下，避免相撞，必须回到起点以后，下一个人才能开始。

2. 为避免产生磕碰，可加大沙土筐摆放距离，将小铲子放在沙土筐中，不要拿走。

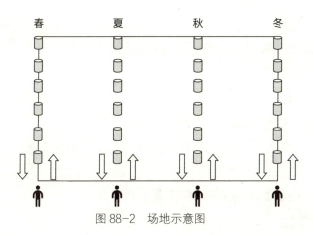

图 88-2　场地示意图

3. 待学生对游戏熟练以后，可每组只发 1 把小铲子，传递使用。

● 拓展建议

1. 可选择空旷的土地和真实秧苗，添加小水壶等道具，以增加游戏乐趣。

2. 可将传统文化、农耕知识与接力赛跑相结合。

（创编教师：北京市房山区周口店中心小学　李宏伟）

89 ▶ 春耕竞赛

适用年级：3 ~ 4 年级

● 游戏意涵

推铁环是我国一种传统民间儿童游戏。本游戏将推铁环融入惊蛰节气的耕地、播种故事情境，让学生在推铁环的游戏中掌握动作技能，了解二十四节气文化。

● 游戏目的

1. 巩固推铁环的动作方法。

2. 发展身体的灵活性、协调性和平衡能力。

3. 了解我国传统文化，培养拼搏进取的精神及团队合作意识。

● 游戏方法

将学生分成人数相等的 4 队。每队第一名学生手持犁耙（铁环）在田地边缘（起点）站好，各队其他学生根据自己推铁环的技术水平在田地相应位置站好等待接力。听到开始指令后迅速进行耕地（推铁环），与队友接力合作完成全部的耕地任务。

● 游戏规则

1. 听到指令后方可开始比赛，不得抢跑。

2. 在游戏过程中出现脱钩、停止、线路错误等情况，需在失误地点重新调整好后再出发。

3. 最先完成全部耕地任务的队伍获得胜利。

● 游戏器材

有塑胶跑道的操场、铁环、推杆。场地布置如图 89 所示。

图 89　场地示意图

● 注意事项

1. 游戏开始前对学生进行安全教育。

2. 游戏时要提示学生按照规定的要求和路线完成任务。

3. 游戏过程中要教育学生团结协作。

4. 各队接力距离可根据学生技术掌握情况进行调整。

5. 整个游戏过程运动量较大，游戏结束后及时组织学生放松。

● 拓展建议

可改变游戏场地，增加练习难度，设置"独木桥""陷阱"等障碍。

（创编教师：北京市房山区周口店中心小学　杨　磊）

90 翻山越岭

适用年级：3～4年级

⬤ 游戏意涵

长征是人类历史上的伟大奇迹，长征途中共翻越18座大山，跨过24条大河，走过荒草地，翻过雪山，行程约二万五千里。1936年10月，红军队伍在甘肃会宁地区会师，标志着万里长征的胜利结束。

⬤ 游戏目的

1. 了解两万五千里长征的艰难及长征背后的故事。

2. 发展身体协调性，增强跑、跳、跨、滚、爬等能力。

3. 培养团结协作、相互信任、勇猛顽强的品质。

⬤ 游戏方法

将学生分成人数相等的2队，分别为"红一军"和"红二军"，两军内部再分成两个分队，成纵队分别站在两端线标志桶后面。两军同时进行，发令后，每队第一名学生带着情报（手环）迅速起跑，突破敌人防线（同学阻挡）—巧渡金沙江（长椅）—翻雪山（跳箱）—过草地（在垫子上匍匐前进、前滚翻）—把情报交给对面的战友，战友依次完成，直到最后会师，把情报交给总司令（教师），任务才算完成，用时少的队胜出。

⬤ 游戏规则

1. 不得抢跑和越线，把情报交到队友手里才能继续传递。

2. 在垫子上必须匍匐前进、做前滚翻。

3. 由体育委员担任计时长，速度快的队伍获胜。

⬤ 场地器材

手环、锥桶、垫子、跳箱、长椅、秒表、皮尺。场地布置如图90所示。

图90 场地示意图

● **注意事项**

1. 提醒学生注意阻挡力度，避免激烈对抗。

2. 过长椅时注意安全，小心崴脚。

3. 翻跳箱动作要连贯，注意磕碰。

4. 前滚翻时注意不要扭到脖子。

● **拓展建议**

1. 增加障碍物组数和难度。

2. 负重比赛时，在腿上绑上沙袋。

3. 可设计追兵追击，丰富游戏体验。

（创编教师：北京小学大兴分校亦庄学校　邓　群）

91 赛马大会

适用年级：3 ～ 6 年级

● **游戏意涵**

赛马会是我国藏族的传统民族节日，在每年藏历六月举行，是藏北草原规模盛大的传统节日，又称"草原盛会"，为期 5 ～ 15 天。节日期间，各地的牧民穿着色彩鲜艳的节日盛装，带着丰盛的食物，支起漂亮的帐篷，骑着骏马，从四面八方涌向赛场。

● **游戏目的**

1. 提高下肢力量及反应能力。

2. 培养团结协作、相互信任、勇猛顽强的品质。

● **游戏方法**

游戏一：策马扬鞭

学生两人一组自由搭档，两人协商分配"骑士"和"马"的角色，一个人背着另一个人，在起点线处准备，收到出发信号后各组快速出发，沿规定路线到达指定区域下马。根据各组完成任务的顺序排名。两人可以进行角色互换或各组之间重新组合人马，进行新一轮比赛。场地布置如图 91-1 所示。

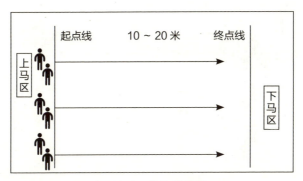

图 91-1 场地示意图

🔵 游戏规则

1. 在骑士未完成"上马"前不可出发，在指定区域完成"下马"后方算完成任务。

2. 赛马途中若"骑士"掉下马，需在跌落处重新上马后方可继续前进。

🔵 拓展建议

1. 将直线赛道改为环形赛道，根据学生运动能力差异设置不同赛道长度或比赛圈数。

2. 以"天津赛马"典故进行引导，让学生进行分组对抗。

游戏二：老马识途

学生两人一组自由搭档，两人协商分配角色为"骑士"或"马"，一个人背着另一个人，为"马"者须佩戴眼罩。游戏开始后，"骑士"用语言引导"马"前进，依次穿过障碍物后到达指定区域下马，根据各组完成顺序进行排名。场地布置如图 91-2 所示。

🔵 游戏规则

1. 在骑士未完成"上马"前不可出发，在指定区域完成"下马"后方算完成任务。

2. 各组前进过程中若碰到障碍物或未按规定路线通过，需回到起点处重新出发。

🔵 拓展建议

1. 在两人搭档基础上分队，进行团队接力比赛。

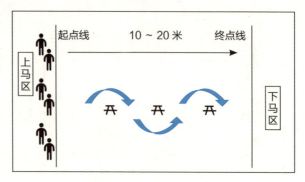

图 91-2　场地示意图

2.结合多种赛道创设不同游戏情境，丰富路线设计，以增加游戏趣味性。

● **注意事项**

1.各赛道之间距离要适宜，留出安全缓冲空间。

2.根据学生数量进行合理分组，提高练习密度。

游戏三：骑马射箭

学生两人一组自由搭档，协商分配角色为"骑士"或"马"，各组人马在出发区域有5个沙包。游戏开始，各组"骑士"捡起一个沙包后上马，快速前进到投掷线，由骑士将沙包投向规定距离的小筐中，投完后迅速回到出发点，骑士下马捡起沙包后再次上马出发，直到投掷完所有沙包，根据各组投中沙包数量及所用时长进行胜负判定或排名。场地布置如图91-3所示。

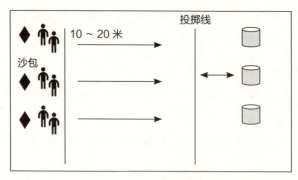

图 91-3　场地示意图

🔵 **游戏规则**

1."骑士"每次出发只允许携带 1 个沙包，每投中一个沙包计 1 分，如分数相同则用时少的组获胜。

2."马"不可越过投掷线，否则投掷无效。

🔵 **拓展建议**

1.将投掷沙包模拟"射箭"改为篮球双手投篮。

2.各组增加一人在小筐处抛沙包，骑士在投掷线处骑马接沙包并运送回大本营。

（创编教师：北京亦庄实验小学　石少锋）

92 巧剪马尾

适用年级：5 ～ 6 年级

🔵 **游戏意涵**

剪马尾是鄂温克族一项重要的活动。鄂温克族中不管是牧民、猎民还是农民，每年 5 月 22 日都要过"米阔鲁节"，这是一种由生产活动演变而来的节日。这一天，人们穿上传统的民族服装，骑着马、赶着车，聚到一块给马剪鬃尾。

🔵 **游戏目的**

1.了解鄂温克族人民的习俗，提升对少数民族文化的了解。

2.发展奔跑能力，提高身体协调性和灵敏性。

3.培养敢于挑战的品质和积极思考的学习态度。

🔵 **游戏方法**

将学生平均分成几个组，每组 5 ～ 8 人，各组站成一纵队，第一人为"马头"，其他人为"马尾"，后面的人抱住前面人的腰，组成一个整体。两组面对面站立，在两组后方道具箱中取"剪刀"。

游戏开始后，在保证本组队形不散开的情况下，到本组后方的工具箱中取"剪刀"，用剪刀来"剪"对方的"马尾"。在游戏过程中要保护好本组的

"马尾"，同时要尽量把对手"马尾"剪断，或者用"剪刀"触到对手最后一名"马尾"。

● 游戏规则

1. 如果本组最后一名"马尾"被对手"剪刀"触到，算对手"剪马尾"成功。

2. 如果本组"马尾"队形断开，算对手"剪马尾"成功。

3. 在游戏过程中只能用"剪刀"道具触对方"马尾"。

● 场地器材

平整宽阔的场地，道具箱内可以放海绵棒等物品作为"剪刀"。场地布置如图92所示。

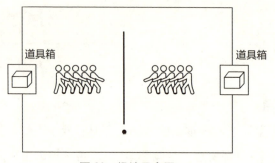

图92　场地示意图

● 注意事项

1. 每组参与游戏的人数不宜过多，避免发生危险。

2. 游戏强度较大，需要提前做好充分的准备活动。

3. 道具箱内"剪刀"宜选用海绵物品，避免发生危险。

● 拓展建议

1. 可把2组的对战变成3组的对战。

2. 针对每组的实力，可选择离道具箱距离不同的出发点。

3. 可按照学生运动能力的强弱进行分组，增减"马尾"长短，调整游戏难度。

（创编教师：北京小学大兴分校亦庄学校　房铁柱）

93 龙舟竞渡

适用年级：5 ～ 6 年级

● 游戏意涵

每年的五月初五是端午节，赛龙舟是端午节的一项重要活动，本游戏通过创设龙舟竞渡的情境来纪念传统节日。

● 游戏目的

1. 发展上下肢协调配合能力，提高身体的灵敏性和平衡能力。

2. 培养团结协作的集体主义精神和勇于拼搏的精神。

● 游戏方法

将所有学生分成 4 组，每组 7 人，每人手拿一个"粽子"（沙包），手拉手（手的连接物为沙包）站成一排。用呼啦圈作龙舟，每人站在圈里前进，带着"粽子"到达终点，将"粽子"放进小筐（锅）里，即可比赛，直到龙尾到达终点夺队旗。用呼啦圈从龙尾穿过所有学生身体到龙头，传递过程中不允许中断，握紧"粽子"不能放手，龙头的学生把呼啦圈放到脚下迈进去进行"渡河"，龙尾学生继续传递呼啦圈进行"渡河"。

● 游戏规则

1. 以教师的哨声为"开始"和"结束"的号令，比团队用时和运输"粽子"个数。

2. 在穿呼啦圈时，不允许松手，以先穿头再穿腿的传递方式进行，否则算手里的"粽子"掉进河里，运送失败。

3. 最后一名学生到达终点夺队旗，整个比赛才算结束。

● 场地器材

长 30 米、宽 15 米的平整场地，沙包 7 个，呼啦圈 8 个，标志杆 2 个，小筐 4 个，四面队旗。场地布置如图 93 所示。

● 注意事项

1. 游戏开始前对学生进行安全教育。

2. 根据学生人数调整分组，适当提高练习密度。

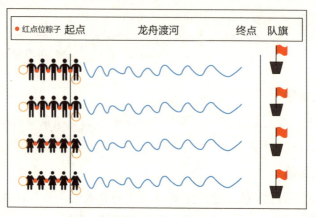

图93　场地示意图

🔵 拓展建议

1. 建议每支龙舟队可设计自己队伍的口号。

2. 可在运"粽子"的途中增加过障碍。

（创编教师：北京市西城区第八中学附属小学　蔺　敏）

94 双龙戏珠

适用年级：5～6年级

🔵 游戏意涵

双龙戏珠是两条龙戏耍（或抢夺）一颗火珠的一种游戏形式。它起源于中国天文学中的星球运行图，火珠由月球演化而来。从西汉开始，双龙戏珠便成为一种吉祥喜庆的装饰图纹，多用在建筑彩画和高贵豪华的器皿装饰上。

🔵 游戏目的

1. 发展身体的协调性和反应能力。

2. 培养团队合作精神和集体主义精神。

🔵 游戏方法

将学生分成2队，每队8～10人，每队后一人抓住前一人的腰部连成一路纵队，组成一条"龙"。教师或指定一人手持气球（龙珠），气球绑在长度为 1.5 米左右的泡沫软棍上。游戏开始，手持泡沫棍者挥舞气球，两条"龙"开始追逐气球，要求为只有"龙头"（第一个人）可以去碰触球，每碰到气球一次得 1 分，规定时间（1 ～ 3 分钟）内，得分多的队获胜。

● 游戏规则

1. 两条"龙"在活动中保持完整、不断开，否则得分无效。
2. 手持"龙珠"移动者在规定区域内移动，不可将气球举得过高。

● 场地器材

气球、细绳、泡沫软棍、标志盘。场地布置如图 94 所示。

图 94　场地示意图

● 注意事项

1. 两队在游戏过程中注意安全，避免发生严重碰撞。
2. 事先多准备几个气球，如果破掉及时更换。

● 拓展建议

1. 可增加碰"珠"的人数和持"珠"的人数。
2. 所有人改为蹲地行走，"龙珠"的移动高度不可超过持"珠"人腰部。

（创编教师：北京亦庄实验小学　石少锋）

95 游龙戏珠

● **游戏意涵**

龙是我国古代传说中的神异动物，传说其能显能隐，能细能巨，能短能长，春分登天，秋分潜渊，呼风唤雨。龙的形象源于我国古代的图腾，被视为中华民族的象征，中国人都以自己是"龙的传人"而骄傲。

● **游戏目的**

1. 提高球感和传接球的技术水平，发展观察判断能力。

2. 培养对于"龙"文化的认同感和民族自豪感。

● **游戏方法**

1. 将学生分成几组，每组8～10人，每组选出一人为"龙"，其余学生围成一个圈。给成圈的学生一个篮球作为"珠"，"龙"站在持球人身后准备。游戏开始，篮球只能在相邻学生间传递，"龙"则迅速在圈外追球。"龙"触碰到持球人或传出的球，需与其交换角色。

2. 成圈的同学可以散落在篮球半场内，相互之间间隔1米，持球人只能用一只脚移动，相互之间传球，躲避"龙"的追逐。

● **游戏规则**

1. 圈内学生只能相邻之间进行传球，方向可以变换。若传错人需与"龙"交换角色。

2. 方法1中，"龙"只能在圈外"戏珠"，触碰到持球人或球需与其交换角色。方法2中"龙"可以自由移动。

● **场地器材**

篮球场半块、篮球4个。场地布置如图95所示。

● **注意事项**

1. 学生之间只能触碰，不能拉扯或者推搡。

2. 低年级学生可以将篮球换成软式排球。

● **拓展建议**

1. 可以安排各组提前做好一个"龙头"道具，这样游戏时更有氛围。

图 95 场地示意图

2.可以通过增减每组人数、拉大或缩短相邻学生间的距离，运用反弹球、地滚球等传球形式来增减练习的密度和难度。

3.围圈学生坐地抬腿传球，完成"游龙戏珠"。

（创编教师：北京亦庄实验小学　韩　超）

96 抢花炮

适用年级：5～6年级

● 游戏意涵

抢花炮是流行在侗族、壮族、仫佬族等少数民族中的一项具有浓郁民族特色的民间传统体育活动，深受广大少数民族人民的喜欢，是一项勇敢者的运动，被称为"东方橄榄球"。

● 游戏目的

1.发展快速跑和变速跑能力。

2.提高身体的灵活性和协调性，增强下肢力量。

3.培养团结协作的意识，了解抢花炮的历史渊源，培养文化自信。

● 游戏方法

将学生分成甲、乙两组，每组选出一名学生当队长。队长通过"猜丁壳"决出发炮权。比赛之前（以甲方获得发炮权为例），教师将3只花炮交给甲方队长，甲方队长再把花炮分配给不同的学生，向乙方得分区发起进攻，乙方学生进行防守，甲方学生可以使用快速的急停急起、假动作晃开乙方防守队员，也可以利用抛接、手递手传接的方式将花炮带入得分区得分。中途乙方学生轻拍到甲方持炮学生的身体后，甲方持炮学生下场。以 3 名甲方持炮学生得分或下场作为上半场进攻结束的标志。然后双方交换发炮权利，乙方进攻。最后得分多的一方赢得比赛胜利。

● **游戏规则**

1. 进攻学生的一只脚踏入得分区后才算得分。

2. 防守学生在追逐进攻队员时，轻拍到对方则对方学生下场。

3. 持炮学生只能手持一颗花炮，一颗花炮进入得分区累计 1 分。

● **场地器材**

自制花炮 3 个。场地布置如图 96 所示。

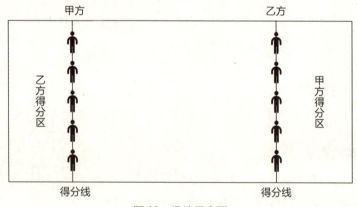

图 96　场地示意图

● **注意事项**

1. 进攻队员发起进攻时不能对防守队员进行冲撞，防守队员在防守时不能出现冲撞、抱摔、滑铲、推人等动作。

2. 所有人员跑动路线不固定，双方队员要时刻观察自己周边的情况，避免出现危险，保护好自身安全。

● **拓展建议**

1. 进攻方分配完花炮后，除持炮学生外，其余学生也可以假装手中有花炮，向得分区进攻，迷惑防守方。

2. 持花炮一方若被防守方轻拍到，花炮要交给防守方，即时交换发炮权，防守方向自己得分区发动进攻。

（创编教师：北京亦庄实验小学　董向宇）

97　采珠夺标

适用年级：5～6年级

● 游戏意涵

珍珠球起源于满族的生产劳动——采珍珠。满族人在牡丹江里采珍珠，把珍珠视为光明和幸福的象征，后来他们发明了模仿采珍珠的体育活动——珍珠球，并逐渐发展成为我国满族人民喜爱的传统体育活动。

学生扮演采珠人，经历爬山坡、穿隧道、划船过河、潜入深海、撬开蛤蚌、拿到珍珠、运珠上船等过程，通过身体体验、合作参与，在运动中体验中国满族传统文化。

● 游戏目的

1. 体验采珍珠的过程，激发运动兴趣，了解满族传统文化。

2. 提升投接球的准确性。

3. 培养团队合作意识。

● 游戏方法

教师导入情境，学生化身"采珠人"，爬过绳梯（山），钻过挡板（隧道），穿过呼啦圈（山洞），在体操垫上滑行（江上划船），打开蛤蚌，取到珍珠球（珍珠），将珍珠球投掷到对岸的球筐里（抛回船上）。

开展采珍珠比赛，将学生分成若干组，每组4～6人，在一侧作为采珠人依次出发，经过系列闯关，到达由两个学生组成的蛤蚌里，取得一颗珍珠，然后将珍珠投到对应的筐中，看哪一组在最短的时间内最先采到4颗珍珠。

● 游戏规则

1. 在游戏过程中，采珍珠的学生要模拟爬山、过隧道、爬山洞、划船的形式来体验多种体育运动，不要直接奔跑略过，或擅自做其他的行动。

2.扮演蛤蚌的同学，要夹紧珍珠球，尽量为采珠人采珍珠制造难度。

3.哪一组在最短时间内先采到4颗珍珠并投掷到网中，即为获胜组。

● 场地器材

球网10个、绳梯8个、体操垫4块、挡板8个、珍珠球20个、呼啦圈20个。场地布置如图97所示。

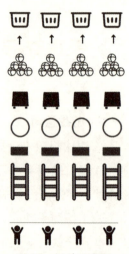

● 注意事项

1.根据学生人数调整分组，尽量提高学生的参与度。

2.体验每种器材时，注意安全，可在一些挡板上做些防护贴，在体操垫上滑行时要注意小心擦伤，提前提醒学生。

3.器材数量视学生人数和分组数量而定。

图97 场地示意图

● 拓展建议

1.可在游戏过程中结合不同音乐风格，体验不同的闯关内容，帮助学生体验心理变化过程。

2.可以将绳梯换成长条凳，通过平衡方式通过障碍，提升学生平衡能力。

（创编教师：北京亦庄实验小学　许　韵）

98 月饼传书

适用年级：3～6年级

● 游戏意涵

中秋节吃月饼的习俗相传始于元代。当时，中原广大人民不堪忍受元朝统治阶级的残酷统治，纷纷联合各路英雄好汉准备反抗。但朝廷官兵搜查得十分严密，消息传递非常困难。军师刘伯温便想出一条计策，他命令属下把藏有"八月十五夜集合"的纸条藏入饼子里面，再派人分头传送到各地。正是有效的信息传递让各路英雄好汉迅速团结起来，帮助朱元璋建功立业。因为此事发生在即将到来的中秋节，因此把当时传递信息的饼子称为"月饼"。月饼传书的游戏正是利用了"月饼"作为媒介的信息传递功能。

🔵 游戏目的

1. 掌握反手扔飞盘的动作要点，提高身体感知觉能力。

2. 培养团结协作的意识和顽强拼搏的品质，并在游戏中学会沟通、理解和包容。

🔵 游戏方法

游戏开始前，双方学生分别站在 A 和 B 两个场地中，并以"猜丁壳"的方式决定从哪方开始。游戏开始，双方学生用软式飞盘开始进攻和防守，当一方学生被对方飞盘打到身体任意部位时，将被淘汰至对方阵营的边线成为俘虏并接受"惩罚"，击打成功的学生随机选择一个纸条序号，该序号的内容表示惩罚方式。用投掷和接飞盘的方式进行进攻和防守，能"消灭"对方全部人员的队伍为获胜队。

🔵 游戏规则

1. 比赛中，双方学生必须站在 A 和 B 区域，如果出界将视为淘汰。

2. 飞盘在空中直接打到人算击打成功，若飞盘先落地后再打到人则算失败。

3. 5 秒内必须掷出飞盘，否则交换盘权。

4. 如果在规定时间内未分出胜负，则人数多的一方获胜。

🔵 场地器材

飞盘躲避盘 1 个、标志桶 6 个、口哨 1 个，全班学生每人写一张奖励或惩罚的纸条，并将所有纸条按数字依次编号。场地布置如图 98 所示。

🔵 注意事项

在游戏过程中队友间保持动作、节拍一致，教师可以用口令提示，提高队伍的默契度和气势，并提醒学生认真遵守游戏规则。

🔵 拓展建议

此游戏还可以用其他投掷物代替飞盘以降低难度，使游戏更适合低年级

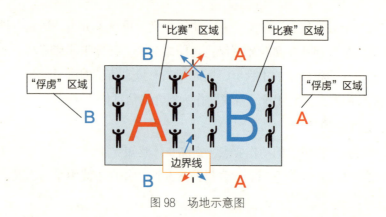

图 98　场地示意图

的学生，如用大沙包和小沙包，也可通过增加接住飞盘可以多一条"命"的形式进一步拓展游戏玩法，以激发学生的想象力和创造力。

（创编教师：北京亦庄实验小学　伏　超）

99　声东击西

适用年级：5 ~ 6 年级

● **游戏意涵**

《通典兵六》中记载："声张击东而实击西。"形容迷惑敌人，造成敌人错觉，给予出其不意的攻击。

● **游戏目的**

1. 增强身体的灵敏性，提高应变能力。

2. 通过小组合作，提升团队配合能力。

● **游戏方法**

将学生平均分成魏、蜀、吴 3 队，分别穿不同颜色的服装，所有学生在腰间系一根长约 30 厘米的丝带作为"命符"。听到开始口令后，各队在"将军"的指挥下自主进入规定区域进行"战斗"，队员要确保自己的"命符"不被敌方扯掉。被扯掉"命符"的学生，要尽快撤离至淘汰区。结束哨声响起时，清点各队剩余人数，剩余人数多的队伍获胜。

● **游戏规则**

1. 只能在规定区域内进行移动、躲闪，出圈视为淘汰。

2. 禁止做推、绊动作，故意伤害同伴者淘汰。

3. 1 对 1 决战时，可以使用双手搂抱对方。

4. 每局 2 分钟，每局各队至少派出 2 名学生参与"战斗"，否则该队伍直接淘汰。

5. "将军"被淘汰时全队淘汰。

● **场地器材**

彩色胶带 1 卷、3 种颜色队服各 15 件。场地布置如图 99 所示。

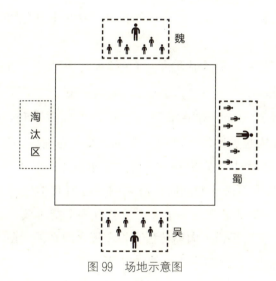

图 99 场地示意图

● **注意事项**

1. 游戏开始前明确游戏规则，提醒学生安全第一。

2. 提示各队动脑思考，利用"声东击西"的策略"捉拿"对方。

● **拓展建议**

增加移动难度，变换为篮球运球或足球运球的移动方式，其他条件不变。

（创编教师：北京亦庄实验小学 余鹏飞）

100 长征渡江河

适用年级：3～6年级

🔵 游戏意涵

红军翻越高山、跨越江河、横穿茫茫草原和沼泽的长征壮举，谱写了无与伦比的英雄历史。通过创设游戏情境，带领学生重走长征路，一起"强"渡大渡河、"巧"渡金沙江、"飞"夺泸定桥，用速度、技巧、团结和智慧克服重重困难，顺利渡过"江河"，成功"会师"。

🔵 游戏目的

1.熟练掌握钻、踏、跳、绕等动作技能，并在小组合作中表现出良好的合作意识和配合水平。

2.培养吃苦耐劳、不畏艰难的"红色精神"，以及勇于探索的优良品质。

🔵 游戏方法

全班学生平均分为"红一军""红二军""红四军"和"红二十五军"4组，4个组同时从起点出发，分别完成3个关卡的挑战。第1关："强"渡大渡河（小组学生手拉手左右站成一排，靠近起点的学生手拿一个呼啦圈，挑战开始后要在手不松开的同时让呼啦圈穿过所有学生的身体）。第2关："巧"渡金沙江（最前面学生脚下和手里各有一个指压板，后面的学生每人拿一块指压板，依次手递手向前传板，板和板之间必须紧贴着，所有学生顺着板铺成的路前进，先到达目标点的进入下一关）。第3关："飞"夺泸定桥（前面有4个标志杆，第一名学生开始冲锋，绕过所有标志杆后敲响小鼓，迅速返回将鼓棒传给下一名学生，依次接力敲鼓，最先所有人敲完鼓返回的小队获胜）。

🔵 游戏规则

1.呼啦圈穿过身体时必须手拉手不能松开。

2.过第1关时所有学生都要站在指压板上，如果掉落需在失误位置重新开始。

3.过第3关时必须绕过所有标志杆且不能碰倒，如果碰倒需扶起来再继续进行。

● **场地器材**

标志桶 8 个、呼啦圈 4 个、指压板 50 片、标志杆 16 根、小鼓 4 个、秒表 1 个、音响 1 个。场地布置如图 100 所示。

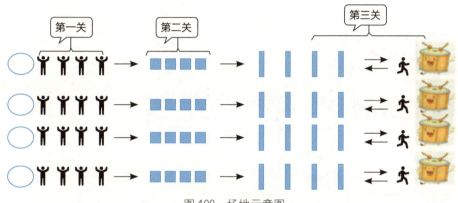

图 100　场地示意图

● **注意事项**

提醒学生在游戏过程中互相鼓励、相互配合，注意安全。

● **拓展建议**

1.可以增加一个"飞夺泸定桥"的投掷环节，5～6 年级学生可以用实心球进行投掷，3～4 年级学生可以用沙包、棒球等轻微物进行投掷。

2.融入爱国主义教育和国防教育，增加各支队伍挥旗会师，共唱一首红歌的环节。

（创编教师：北京亦庄实验小学　伏　超）

第八部分

优秀体育游戏创编案例与思考

小学体育游戏创编策略与方法

房山区周口店中心小学　李雪苹

体育游戏是一种以身体练习为手段的锻炼活动，它可以活跃课堂气氛，发展学生体力、智力，提高学生运动技能，促进学生身心全面发展。体育游戏在小学体育教学中占据很重要的位置，它具有趣味性、规则性、教育性。在体育教学中，游戏的创编和运用至关重要。针对游戏创编，笔者有如下几点体会。

一、深入研究游戏对象

（一）小学生生理特点

小学生的年龄一般在 6 ～ 12 岁，具有骨骼弹性大易变形，关节灵活性好但稳定性差，肌肉力量小，易疲劳，摄氧能力差，兴奋性强而抑制性差，思维以形象直观为主等特点。

小学生要经历两个速度素质发展敏感期，手眼协调能力较好，应当把握速度素质发展敏感期，发展速度素质，同时促进灵敏性、力量和耐力等其他身体素质全面发展。

创编游戏时，应当充分考虑这些因素，设计以发展奔跑速度、手眼协调能力和形象直观思维等为主的游戏，避免进行对力量要求较高、姿势相对固定、兴奋性低和有氧活动时间较长的游戏。

（二）小学生心理特点

小学生处于好动阶段，猎奇心理很强，有着旺盛的精力，喜欢探索新奇的、未知的事物，有较强的竞争取胜意识和表现欲，但是缺乏独立思考能力，且注意力集中时间短。

小学生处于性格塑造的关键阶段，体育游戏在培养学生良好性格方面能起到关键作用。在游戏创编时，不仅要考虑学生的生理和心理特点，还要对其加强思想道德教育。让学生在愉快的游戏氛围中，锻炼身体、塑造良好性格。

（三）小学生兴趣爱好

小学生非常喜欢各种类型的动画片、音乐和电子游戏等情境视频。为充分调动学生积极性，可以创设学生感兴趣的情境，课堂上让学生积极地投入有训练任务的情境中，从而更好地达成游戏教学的目的。

（四）小学生基本情况

掌握学生的运动经历、爱好和运动障碍，包括项目、比赛成绩和运动风险等，鼓励和表扬学生在游戏中的表现，肯定其运动经历和爱好带来的好处，充分调动学生的运动热情。在创编游戏时，可根据学生的具体情况设计相应游戏，以达到更好的游戏教育效果。

二、融入思政教育

体育教学目标中的一个重要目标就是德育目标。对于小学生而言，实现体育教学德育目标的重要依托就是情境化的体育游戏，用游戏规则培养学生的拼搏精神与合作意识，用游戏意涵引导学生树立正确的价值观，把爱国主义和文化自信等植入体育游戏，通过游戏过程中的情感体验，帮助学生塑造良好品格。

三、游戏内容与体育教材相辅相成

游戏的创编应以体育教材内容为基础。教材内容是主体，游戏设计是拓展和支撑。体育教材中的运动技能规定了游戏创编的方向，游戏的开展反过来又能够促进运动技能的形成。

四、游戏创编思路

（一）改良传统游戏

很多优秀的传统体育游戏具有很高的可行性和有效性，教师只需结合实际，对其名称、形式和负荷等要素进行改良，并在德育或传统文化方面赋予内涵，就可以创编出新的游戏。

（二）项目之间有效移植

很多体育项目都有自己独特的游戏方式，我们可以通过改变游戏的技能形式和负荷特点，创编出新的游戏。同项群的项目游戏也可进行有效的移植。

（三）与其他学科进行融合

多学科融合发展是当下教育的热点和未来的方向，其他学科融入体育游戏创编主要有浅融入和深融入两种。浅融入表现在游戏名称、环节和技能等采用其他学科专业术语命名，深融入则表现在用其他学科的专业术语、思路和理念等进行游戏的创编和设计。

（四）不同体育游戏的组合

游戏的创编有时候只需要在不同游戏之间进行游戏环节的加减，就可以创编出丰富多样的游戏形式。

五、体育游戏的可行性和有效性

体育游戏的可行性和有效性对其能否广泛开展起着决定性作用，需要教师结合实践教学，认真分析和推敲，力争使游戏简单易行、效果明显。

（一）可行性

考虑游戏的安全性，主要包括场地器材的安全性和游戏本身的安全性，同时考虑游戏是否便于组织实施，尽量减少课前准备和熟悉游戏的时间。游戏规则清晰且容易执行和评判。

（二）有效性

游戏趣味性强，能够调动学生的积极性，有效地达成游戏目标。游戏的负荷设置要科学合理，学生的参与度要高，尽量做到人人参与，同时也要有足够的训练密度，全面发展学生的身体素质。同时也要注意，不同主题的游戏，强度应有所不同，如技能学习前的辅助性游戏强度应低于竞赛性游戏。

六、游戏时间的设置

游戏的时间主要包括游戏用时和其在体育课中的用时占比。游戏用时一般控制在 5 ~ 10 分钟，既要充分调动学生的积极性，又要给体育课主要内容留有足够的时间。游戏时间太短会让学生意犹未尽，很难收回他们的注意力，时间太长容易让学生身心疲劳，这两种情况都会让学生很难在接下来的学习锻炼中集中注意力。不同主题的游戏用时和占比也略有不同，热身、技能辅助训练、竞赛等对精神兴奋性要求高的体育课一般游戏时间偏短，与德育和课程思政教育有关的体育课游戏时间偏长。

七、游戏主题的设计

游戏设计要素主要包括德育、课程思政教育、情感体验、体能训练、技能训练、游戏趣味性、游戏负荷、游戏时间和游戏场地器材等。在创编游戏时，如何权衡这些要素的比重是至关重要的，好的游戏必然是立意新颖、科学可行的，同时又能够契合学生特点，激发学生积极性，充分投入且能够有效实现游戏目的。当然，不是所有游戏的各要素权重都要相同，太全面反而主题不突出。所以，教师要结合学生实际情况，设计不同主题的游戏，把握好各要素的权重。可以思政教育为主，身体锻炼为辅；也可以技能训练或良好性格养成为主，游戏负荷或时间为辅。当然也存在双主题或多主题游戏，此类游戏对其他要素不做过多要求。

游戏创编需要考虑多方面要素，作为一线体育教师，理应多学多看多练，创编优秀的体育游戏，真切感悟体育教育的艺术魅力，这样才能不负学生的期待和教师肩负的使命。

中华优秀传统文化融入体育游戏创编的原则与必要性

北京市房山区城关小学　金　铃

2017 年，中共中央办公厅和国务院办公厅印发的《关于实施中华优秀传统文化传承发展工程的意见》明确指出，把中华优秀传统文化融入课程和教材体系，有序推进中华优秀传统文化教育进校园，丰富拓展校园文化，推进戏曲、书法、高雅艺术、传统体育等进校园。到 2025 年，中华优秀传统文化传承发展体系基本形成，研究阐发、教育普及、保护传承、创新发展、传播交流等方面协同推进并取得重要成果。

2019 年，北京教育学院第二期协同创新计划"基于中华优秀传统文化背景下小学体育游戏创编与特色活动课程开发培训项目"启动并实施，对一线教师就中华优秀传统文化融入小学体育游戏创编进行了全面、系统的研究与培训。

一、中华优秀传统文化融入体育游戏的指导思想与目标

（一）指导思想

习近平总书记多次强调，课程教材要发挥培根铸魂、启智增慧的作用，体现中国和中华民族风格，体现党和国家对教育的基本要求，体现国家和民族基本价值观，体现人类文化知识积累和创新成果。2022 年 4 月 21 日，《义务教育体育与健康课程标准（2022 年版）》正式颁布，在课程理念中强调了重视中华优秀传统体育文化，培养学生的民族精神和文化自信。要求根据中华优秀传统文化传承与发展的要求，针对不同地区民族传统体育、师资情况和学生的学习情况等，设置体现中华优秀传统体育文化的内容，保证中华传统体育内容在课程中的开课比重，引导学生在学练过程和比赛竞争中体验中华优秀传统体育文化的丰富性与特色性，感悟民族文化的魅力，增强对中华文化的认同感及民族自信心和自尊心。

（二）目标

2022年5月27日，习近平在中共中央政治局第三十九次集体学习时的讲话中指出，中华优秀传统文化是中华文明的智慧结晶和精华所在，是中华民族的根和魂，是我们在世界文化激荡中站稳脚跟的根基。中华传统文化作为中华民族的宝藏，传承它既是责任也是义务，将中华优秀传统文化渗透进体育游戏进行传承，其重点任务之一就是加大宣传教育力度，使学生在游戏中获得知识，在玩乐中体味中华优秀传统文化，这也是对中华优秀传统文化传承形式的创新，符合当下发扬传统文化的趋势。

二、中华优秀传统文化融入体育游戏的创编原则

（一）锻炼性原则

锻炼性是体育游戏最本质的特征。应坚持"健康第一"的教育理念，以发展学生的核心素养为目标，促进学生体魄强健、身心健康。应根据参加体育游戏学生的年龄、性别、年级及实际活动能力等特点来确定相应的运动负荷、动作难度和活动方式。

（二）教育性原则

体育作为学校教育的重要组成部分，不仅应具有锻炼身体的价值，而且还应具有思想教育的价值。中华优秀传统文化蕴含着丰富的思想理念和道德规范，积淀着多样、珍贵的精神财富。围绕立德树人根本任务，教师应遵循学生认知规律和教育教学规律，按照一体化、分学段、有序推进的原则，把中华优秀传统文化全方位融入体育教育，贯穿基础教育全过程。体育游戏在体育教学中占据着重要地位，要有意识、有目的地促进学生身心的全面发展，积极传播爱国、诚信、友善、团结、坚韧等优良品质，为学生播下健康的种子。

（三）趣味性原则

趣味性是体育游戏的又一重要特征，缺乏趣味的游戏将从根本上失去对学生的吸引力。为了提高体育游戏的趣味性，可以多挖掘一些生活素材、文化素材、地方特色素材，将中华优秀传统文化充分融入游戏创编，在游戏的竞争性、动作设计、规则方面多下功夫，使创编的体育游戏具有新颖性和趣味性，让学生耳目一新。这样创编出的游戏既有欣赏价值又有新意，能够更

好地激发学生的兴趣。

（四）安全性原则

促进学生的身心发展是体育游戏的根本目的，因此在创编体育游戏时应特别注重贯彻安全性原则，对游戏的各个环节进行"安全检查"。任何游戏的开展都要防范安全事故的发生，在创编游戏时要避免游戏使学生过于兴奋，注意控制游戏运动负荷，以免发生运动损伤。

（五）实用性原则

体育游戏的创编还应当注重实用性。随着社会的进步与环境的不断变化和发展，传统体育游戏也在不断发展与完善。很多传统体育游戏，在当前因一些局限性而难以实施。创编的体育游戏在方法上要简单易学，在规则上要便于操作和评判，创编时一定要合理设计，并进行必要的实践验证，严格把握好各操作环节和评判标准。有些体育游戏虽然形式新颖、内容富有吸引力，但由于游戏组织的方法比较复杂，不便在体育课上进行，这样的游戏最好不要选用。

（六）目的性原则

体育游戏是一种有意识、有目的的教育活动，其目的是为完成教学任务服务，而不仅是为了活跃课堂气氛，让学生玩得高兴。因此，教师如何将中华优秀传统文化巧妙的融入体育游戏，并进行合理、科学的创编是一个重要课题。传统体育游戏的创编不能因循守旧、墨守成规，而是要因地制宜、因人而异，要具有趣味性、实用性和时代性特征，要能够提高学生参与的兴趣，并能在体育教学中产生良好的使用效果。

三、中华优秀传统文化融入体育游戏的必要性

（一）为发扬中华优秀传统文化提供新动力

中华文化源远流长、灿烂辉煌，作为根植于中华民族的宝藏，传承它既是责任也是义务。将中华优秀文化融入小学体育游戏，创新中华传统文化的传承形式，注重文化熏陶和实践养成，把跨越时空的思想理念、价值标准、审美风范转化为学生的精神追求和行为习惯，不断增强学生的参与感、获得感和认同感，既发挥体育的锻炼效果，又符合当下发扬传统文化的趋势，并能为实现中华民族伟大复兴助力。

（二）为创新小学体育教学开辟新路径

小学体育教学存在体育游戏形式单一的问题，将中华优秀传统文化作为游戏的内核，不断渗透教育和人文精神，既能丰富体育游戏的内容，为游戏注入新鲜血液，提高学生对体育学习的兴趣，也能让学生感受中华优秀传统文化的魅力，在精神上得到升华。

（三）为培养学生综合素养提供新视角

学校体育以"育人"为宗旨，引导和教育学生主动、积极地锻炼身体，获得独立进行体育运动的基本能力，养成"终身体育"的意识，为全面发展打下良好的基础。在小学体育教学中，大多数民族传统体育组织形式比较灵活，趣味性比较强，既可以在游戏中应用，也可作为竞赛项目让学生经常参与，不仅可以增强学生体质，还能够培养其开朗、自信、乐观和积极进取的品质，促进身心全面发展。同时，我国民族传统体育项目强调内外兼修，主张阴阳协调，蕴含着丰富的哲理，有利于引导学生运用辩证思维看待事情，建立科学的人生观和价值观，在游戏中不断体悟，最终晓礼仪、明道德，逐步提升综合素质。

中华优秀传统文化传承背景下小学体育游戏创编的方法

——以《仓颉造字》《精卫填海》游戏创编为例

北京亦庄实验小学　韩　超

体育游戏以身体练习为手段，是体育与智力相结合的活动形式，旨在娱乐中促进学生身心全面发展。在体育教学中开展游戏，可以让枯燥的练习变得津津有味，可以让沉闷的课堂变得妙趣横生，对于提高学生的学习积极性和课堂质量有着十分重要的意义。

2017年，中共中央办公厅和国务院办公厅印发《关于实施中华优秀传统文化传承发展工程的意见》(以下简称《意见》)，明确指出：到2025年，中华优秀传统文化传承发展体系基本形成，研究阐发、教育普及、保护传承、创新发展、传播交流等方面协同推进并取得重要成果。《义务教育体育与健康课程标准（2022年版）》(以下简称《新课标》)将"重视中华优秀传统体育文化，培养学生的民族精神和文化自信"写入"课程理念"。

《意见》和《新课标》对于今后一段时间小学体育教学改革和发展具有深远影响。笔者通过多次专题讲座、观摩研讨、创编设计、课例分析、指导实践、汇报展示等，不断学习和提高，对中华优秀传统文化背景下小学体育游戏创编的方法有了初步认识和想法。

一、游戏创编的目的和意义在于提升素养，强化底蕴

学校体育以"健康第一"为指导思想，从过去重视生物本能的感性身体锻炼，转向重视理性的社会身心教育，即在运动中培养具有健全人格的全面发展的人，这就要求体育教师必须从以技能型为主的知识结构向学科与人文融合的知识结构转变，全面提高人文素养。在游戏创编过程中，教师的文化底蕴尤为重要。水之积也不厚，则其负大舟也无力。只有具备了一定的积

累，在创编游戏和实施游戏的过程中才能把握其精髓，在融合过程中才能找到契合点，在课堂实施过程中才能更好地实现全人的教育。

那么，体育教师应该积累哪方面的知识呢？习近平总书记对中华优秀传统文化的精神内涵进行了高度凝练，将其概括为"讲仁爱、重民本、守诚信、崇正义、尚和合、求大同"六个方面，与此六方面相关的神话传说、成语故事、传统节日、艺体形式、传统美德等都可以成为体育教师学习的内容和游戏素材的来源。如《中华传统文化 10000 词》《中华优秀传统文化小学系列读本》《中华成语故事》等。将一些广为流传、耳熟能详的典故铭记于心，这样才能在游戏创编时做到游刃有余。

二、游戏创编的方法

所谓"创编"，即"创新"与"编排"。创新是一种观念，也是创造性思维模式的一种。而编排则是将已有的或创新出的新实物按照一定的目的进行有序的排列。以此为理念，在游戏创编的过程中主要运用以下两种方法。

（一）成型游戏改造法

1. 目标入手，确定内容

前文中提到了体育游戏对于体育课堂的积极作用。既然体育游戏是课堂的一部分，那它就必然有特定的教学目标。因此，要通过提炼教学目标，并契合目标进行有针对性的选择或设计游戏内容和方法。在这个过程中要遵循健康性、趣味性、教学性、针对性、安全性等一系列创编原则。在创编中华优秀传统文化游戏的过程中，笔者也遵循了这样的原则。以《仓颉造字》游戏为例，其原型是笔者在体育课堂中，为了发展学生的下肢爆发力和快速奔跑能力而设计的快速跑往返接力游戏。为了增加游戏的趣味性和竞争性，在各个队伍往返点张贴一张打印出字形轮廓的白纸，学生跑到位置后要先给字形上色再折返，游戏结束时以用时长短和上色的精美程度进行综合评定。这样一个集趣味性、竞争性、健身性于一体，结合美术色彩搭配应用的跨学科体育游戏就设计完成了，学生们也非常喜欢。但是这与传承中华优秀传统文化的教学目标还有一定差距。

2. 寻找与中华优秀传统文化的契合点

当我们已经有了一个基本成型的游戏后，就可以将游戏中的一些核心环节与头脑中积累的中华优秀传统文化素材进行结合。在这个过程中一定要注意寻找二者之间真正的有内在逻辑的契合点，或者是稍加自然的改造便可以相互匹配，切不可生搬硬套，牵强附会。上文中提到的折返跑接力游戏中，趣味的环节是通过涂鸦让汉字凸显出来，这与"仓颉造字"典故中的"造字"有异曲同工之妙，因此"字"就成为连接游戏和传统文化的重要纽带。

3. 以文化为"根"，为游戏注"魂"

在找到游戏的切入点后，要以传统文化为根基，对游戏进行情境化的改造，让游戏更贴合史实或者传说的意境，更有传承意义和教育意义。《仓颉造字》游戏就是围绕"造"字做文章。在之前的游戏中，是学生去照字涂鸦，"字"本身已经存在了，就没有"造"的意味了。因此笔者将涂鸦替换成了"偏旁部首组字"，每位学生折返时取回印有不同偏旁部首的卡片，其他学生将队伍中已有的卡片进行组合"造"字，尽可能组出更多的字。这样的游戏改造，不但更贴合史实的意境，也通过体育与语文学科的融合，使游戏更有教育价值。

（二）传统文化衍生法

1. 剖析传统文化，寻找体育元素

中华传统文化中，有很多典故里面都包含体育元素或者身体活动的线索。比如一些神话故事中就直接带有表示动作的词，如"愚公移山""夸父追日""司马光砸缸"等。如果稍微深入研究并提取其中与运动相关的内容，就可以以传统文化为基础进行游戏的创编。在《精卫填海》游戏中，笔者抓住精卫鸟"填"海的这个动作环节，衍生出学生持轻物掷准的游戏内容。

2. 探索文化线索，补全游戏脉络

抓住传统文化中与体育游戏相结合的关键点后，依据传统文化内涵，将游戏过程补充完整，使游戏与文化融合得更自然、更紧密。在"精卫填海"的典故当中，精卫鸟每一次填海都要回西山，衔着沙石穿越高山、丛林、草原才能到达东海，因此在游戏过程中设置各种障碍模拟这个艰险的过程，不但更符合传说的描述，也能提高游戏本身的锻炼价值，帮助学生更好的理解传统文化的内涵。

3. 由游戏过程倒推目标，让游戏更具科学性

随着游戏过程渐趋完善，根据提炼出来的关键点来倒推游戏的教学目

标，然后从体育教学的角度出发，反过来检验整个游戏创编过程是否符合科学性、健康性、安全性等创编原则。《精卫填海》游戏中最关键的点就是"持轻物掷准"，因此结合教学内容和《新课标》的要求，设置九宫格的标靶让学生接力完成，不但实现了教学目标，更将评价与游戏过程融合在一起。同时，通过"能力差学生投近处的点，能力强的学生投远处的点"的教学组织，实现分层教学。

当然，仅仅完成游戏创编还不够，还需要在教学实际过程中不断自我反思和修正，并推荐给其他老师使用，广泛听取专家和学生的反馈意见，不断完善，逐步打磨出一个"一看就懂、一学就会、一用就成"的有推广价值的好游戏。此外，还需要在游戏过程中不断打破常规，在游戏的深度和广度上多下功夫，在游戏的拓展上多动脑筋，让每一个游戏更有生命力。

以上仅是笔者在游戏创编过程中的一点思路和方法的总结，难免有局限和不足之处。在中华优秀传统文化传承的时代背景下，一线体育教师要不断思考、开拓创新，努力创编出更多融趣味性和教育性于一体的、富有中华优秀传统文化意味的体育游戏。

传统文化与体育游戏的融合

——以《铁环滚滚》《精确制导》等游戏创编为例

北京市房山区周口店中心小学　李宏伟

二十四节气是上古农耕文明的产物，它在中国传统农耕文化中有着极其重要的作用，其背后蕴含了中华民族悠久的文化内涵和历史积淀。弘扬和传承中华传统文化，重视中华优秀传统体育文化，培养学生的民族精神和文化自信，是《义务教育体育与健康课程标准课程（2022年版）》的重要理念。

随着时代的发展，人们的生活日新月异，住进高楼大厦，以车代步，衣不沾尘，脚不踏泥，与土地或农事直接接触的机会少之又少。重视劳动教育和综合实践，开展跨学科主题学习，促进五育并举和体教融合，这是新时代学校教育改革和发展的新要求。

基于优秀传统文化教育传承背景，在利用二十四节气创编体育游戏的过程中，将传统文化与游戏相结合，提高游戏的锻炼性和趣味性，增加游戏的知识性，从而使游戏从内容到形式都得到提升。

创编游戏时，如何更好地将传统文化和体育游戏有机融合，笔者有如下思考。

一、聚焦主题，内外合一

创编游戏时，突出一个主题，将主题贯穿游戏的始终，从形到意，抓住游戏本身特点，从内在意涵到外在形式，让两者有机融合。

例如，在创编《铁环滚滚》游戏时，紧扣"环"这个特点，以游戏器械的外形为环，把游戏的场地设计为环，是为明环；一年四季，24个节气周而复始，循环往复，是为暗环。把明暗几个环由外而内，从形式到内容，紧密交织在一起，形成一个完整的游戏链条，缺少了其中任意一"环"，都会使游戏效果大打折扣。学生在游戏过程中，不仅体验到了运动的乐趣，还在不知不觉中学习了二十四节气知识，"我推到哪个季节了""我到达哪个节气点了""我推满了 1 圈，24 个节气点我都通过了""我是最棒的!"听着学生们快乐的欢呼，我意识到这个点结合得很好，很顺畅，一点都不生硬，真正地把传统文化知识融入了体育游戏，这种融入是成功的。

二、简单易行，大道至简

在创编游戏时，还要注意游戏的简便性、可操作性，利用好身边的资源，因地制宜，就地取材，根据实际情况，寻找两者的结合点。

例如，在创编《精确制导》游戏时，首先需要思考怎样才能把二十四节气知识更好地与爱国主义游戏相结合。经过反复酝酿与斟酌，决定从游戏场地入手，本着易于操作、方便组织的原则，以半个篮球场为场地，将其等分成 24 份，每份就是一个节气点，每个节气点同时也是一个击打点，将二者叠加，做简单处理。通过以上设计，既解决了发射点的问题，又达到了多方位、多角度的投射练习效果，避免了只在单一地点投掷所造成的枯燥乏味，提高了学生参与游戏的积极性和游戏本身的趣味性。其次，学生虽然是在重复练习投掷动作，但因地点、角度不同，而对游戏充满期待，每个人都想把每个节气点都投射一遍。学生如果在哪一点投进了，就会对这个节气点位记得格外清楚，不知不觉中就把该点位的节气知识学习了。

三、学练结合，重在体验

纸上得来总觉浅，绝知此事要躬行。在创编《春种秋收》游戏时，吸取前面两个游戏的经验，注重形式设计，同时关注学生身心的变化，重在参与体验，学练结合，通过游戏了解二十四节气文化。因此，在场地布置上，选择直线、四排的形式，模拟种地时的垄沟，在小筐中填满沙土，模拟土地。除了创设好情境，在每个小筐中预埋了部分道具，模拟游戏后种植收获的产出效果。从游戏的目的、内容、形式和意义上，让学生直接感受到游戏就是根据二十四节气来指导我们进行农耕活动，突出参与感受和文化体验。学生在游戏中所表现出来的状态，特别兴奋、特别投入，一个个积极跑动，挖坑埋土，玩得不亦乐乎。教师在最后环节提醒学生："一分耕耘一分收获，有付出就会有回报。"当学生真的从土地中挖出果实后，学生都高兴得跳了起来。

　　总之，优秀传统文化和体育游戏相结合，就是要让传统文化知识润物无声地融入游戏，避免生搬硬套。

在体育游戏创编中融入二十四节气"元素"

北京市房山区周口店中心小学　张　萍

基于中华优秀传统文化传承的时代背景，在体育游戏创编过程中，我深入挖掘了二十四节气中的相关游戏元素，找到创编游戏的切入点，赋予游戏新的文化意涵和价值。二十四节气是中国人通过观察太阳周年运动，认知一年中时令、气候、物候等方面变化规律所形成的智慧经验。二十四节气是一部时间和自然的百科全书，是中华优秀传统文化的重要部分。

一、融入二十四节气"律动"元素

在游戏创编中，充分考虑体育课程的综合性特征。有效整合其他学科中关于二十四节气的知识，融入有节奏练习特点、充满童真童趣的体育游戏创编。

学生在语文学科的经典诵读中，学会并能熟练诵读二十四节气歌，以及相关节气的古诗词、谚语等。如宋代王镃的《立春》：泥牛鞭散六街尘，生菜挑来叶叶春。从此雪消风自软，梅花合让柳条新。

学生在音乐学科学习中，学会主动收集、整理不同版本的二十四节气童谣、歌曲，从不同旋律中感知节气的物候变化。如描写春天的歌曲《春天在哪里》，描写夏天的歌曲《虫儿飞》等。

二、融入二十四节气"候"的元素

二十四节气中的七十二候是中国最早的结合天文、气象、物候知识指导农事活动的历法。五天一候，一年 365 天（平年）为 72 候。为与二十四节气对应，规定三候为一节（气），一年为 72 候。每一候均有一种物候现象相应，叫"候应"。72 候的"候"应包括非生物候应和生物候应两大类，前者如"水始涸""东风解冻""虹始见""地始冻"等，后者如"鸿雁来""萍始生""苦菜秀""桃始华"等。在体育游戏创编中，抓住节气三候中的典型物候现象，结合学生的年龄特点和体育教材相应内容，引导学生进行模仿体验。

以立冬节气三候之——"一候水始冰"游戏为例，此游戏适合小学各年级学生进行体验，能很好地发展学生的走、跑、跳跃能力和身体的协调性和灵敏性。游戏开始前，指定两名及以上学生分别做"结冰人"，其他学生分散在规定场地内，通过完成指定的走、跑、跳跃、蹲等不同形式的动作做流动的"水"。游戏开始后，"结冰人"在场地内按照水的运动形式追逐流动的"水"，"水"被"结冰人"追到后，变成"结冰人"（与"结冰人"手拉手）。随后去追逐下一个结冰目标，直到所有的水都变成冰。游戏结束时，"结冰人"多的组获胜。

三、融入二十四节气"民俗文化"元素

二十四节气中的民俗文化内容非常丰富。多彩的节气民俗文化活动，传递着深厚的乡土文化底蕴，吸引着学生们去探索、发现，能让学生获得深刻的认知体验。

将二十四节气里的民俗文化融入体育游戏创编，不仅能让学生在校内外体验原汁原味的民俗活动，而且还能通过师生合作、生生合作，从器材、场地、游戏方式等方面，创编出丰富多彩、形式多样的民俗活动游戏，更好地引导学生在玩中学习、玩中成长。

以春分、秋分节气的"竖蛋"游戏为例。民间传统的"竖蛋"游戏方法，是选择一个光滑均匀、刚出生大约四五天的新鲜鸡蛋，轻轻地将它竖起来，以此祈盼平安、和顺。实施该民俗游戏时，要考虑到鸡蛋易碎的因素，在春分、秋分节气以体育家庭作业亲子游戏的形式，让学生在家中进行体验。

"竖蛋"游戏的创编。在接力棒的顶部粘贴一张鸡蛋形状的纸片，用手掌心或手指等部位将接力棒竖起来，控制接力棒，看谁立得时间长。本游戏可让学生在有新意的民俗活动体验中，有效锻炼手部小肌肉群，促进提升大脑对身体各部位动作的控制能力。

二十四节气具有时间节奏鲜明的特点，在充满节气知识与生活情境的游戏中，引导学生随着节气的转换，走进自然，发现自然的规律，感受自

然的奥秘。鼓励、指导学生去听、去看、去感触大自然的美好，呵护好学生热爱自然的天性。让学生在融入二十四节气元素的游戏中，增强体质、健全人格，培养文化认同感，激发其传承中华优秀传统文化的热情。

体育游戏创编中的几点问题与思考

北京亦庄实验小学　余鹏飞

一、创编体育游戏的重要性

在过去很长一段时间内，体育游戏常作为体育课的一部分而被写入教案。在教育部最新发布的《义务教育体育与健康课程标准（2022 年版）》（以下简称《新课标》）中，也提出了积极参与各种体育游戏（水平一）和积极参与多种运动项目游戏（水平二）的水平目标。我想这主要是由学生的身心发展特点决定的，小学阶段的学生对于各种事物感到新奇，他们思维跳跃，天马行空，充满活力。借助体育游戏，引导学生参与体育活动，从而达到掌握基本运动技能、提高体能和专项运动技能的目的。在情境化教学中，通过跨学科主题学习，促进学生对多学科知识的学习。基于中华优秀传统文化背景下体育游戏的创编，虽然是在《新课标》发布以前就开始的项目，但其要求和理念却与《新课标》不谋而合。

在实践过程中，依据校本特色，设计符合所教学段学生身心特点的游戏，使课堂氛围更加活跃，让学生在游戏中不仅锻炼身体、学习传统文化知识、提高各种运动技能，还能学会遵守规则，促进团队配合。教师也在创编游戏的过程中，通过理论学习与教学实践相结合，能够举一反三，快速提升课堂组织与教学能力。

二、游戏创编中的问题与思考

问题 1：游戏是主教材还是辅教材？

这个问题的核心取决于课程的目标和游戏的可容性。例如，一节课的主要目标是锻炼学生的移动性技能，我们选用模仿动物的游戏《动物王国》来达成本节课的课程目标是完全可行的。移动性技能可以作为本节课的主教材，设计跑、跳、爬等内容的练习。同时，《动物王国》这个游戏的可容性也很强，很容易通过不同的动物模仿来达成对于技能学习的要求。因此，也可以将该游戏视为主教材。但是如果游戏的可容性比较小，仅能实现课程目标的一部分，则只能作为辅教材。例如，一节课的课程目标是学习乒乓球正手攻球技术，游戏《画龙点睛》则只能作为辅教材。乒乓球正手攻球技术的学习需要安排教师讲解、示范，学生反复练习并纠错等一系列教学活动，而游戏《画龙点睛》融合了托球走和发球击准的内容，属于正手攻球技术学习的基础性练习内容，因此在本节课只能作为热身类小游戏。

问题 2：**传统体育游戏如何改编？**

在大家的记忆里，相对简便易行的传统游戏有踢毽子、跳皮筋、扔沙包、推铁环、老鹰捉小鸡、丢手绢等，复杂一些的有投壶、抖空竹、竹竿舞、杂技、划龙舟、舞龙和舞狮等。在改编时，通常会遇到两种情况，一是游戏本身的玩法很有趣味性，改编之后反而不伦不类；二是游戏难度较高，小学阶段学生的运动能力还不能达到实现游戏目标的可能。笔者认为，中华优秀传统体育文化的传承是首要的，而传统体育游戏的改编是其次的。传统体育游戏之所以流行，关键在于当时的学生具备充裕的课后自我可支配时间，新兴体育设施不足，手机、电脑等电子产品不发达，学生的娱乐是简单而有趣的。竹竿舞、杂技、划龙舟、舞龙、舞狮等民族特色浓郁的游戏，多为青壮年在有组织的情况下进行的训练，在大型活动或者节日宴会等现场盛装展演，他们除了热爱这项运动外，在一定程度上还以本项目的表演作为谋生技能。时至今日，学校体育课需要承担传承和发扬优秀传统体育游戏的重任，课上教会学生游戏的方法，课后将时间还给学生，定期举办区域性体育赛事。当然，学校体育课在推广传统体育游戏时，要根据学生情况调整游戏的难度，从基本功或单项技术的教会、勤练、常赛做起，逐渐增加游戏难度。

问题 3：**传统文化如何有效融入游戏？**

弘扬中华优秀传统文化是我们的使命，借助体育游戏使学生了解传统文化内涵、增强民族自信不是一件容易的事情。首先，体育教师需要有比较丰富的文化储备。其次，游戏内容设置应与文化内涵和意境贴近。最后，实施过程应紧贴主题，凸显文化意涵。例如，引用东汉末年群雄争霸，魏蜀吴三国鼎立的历史典故，创编《声东击西》的游戏。游戏方法为：将学生均分为魏、蜀、吴三队，并设立各自"领地"与"将军"，听到开始口令后，各队在"将军"的指挥下进入规定区域进行"战斗"，队员要确保自己的"命符"不被敌方扯掉。被扯掉"命符"的学生，须尽快撤离至淘汰区。结束哨声响起时，清点各队"存活"人数，"存活"人数多的队伍获胜。游戏规则：（1）只能在规定区域内进行移动、躲闪，出圈视为淘汰；（2）禁止有推、绊动作，故意伤害同伴者淘汰；（3）进行1对1对决时，可以使用双手搂抱对方；（4）每回合2分钟，各队至少派出2名学生参与战斗，否则该队伍直接淘汰；（5）"将军"被淘汰时全队淘汰。

游戏实施初期，各队伍的策略是比较简单直接的，教师适时讲解声东击西战术，提示同学们采用迂回、佯攻、夹击等战术。游戏实施中期，开始留给各队充足的时间，讨论战术，激发学生独立思考、群策群力的能力，多次比赛，积累经验。游戏实施后期，根据已有经验，重温关于"声东击西"的历史典故，最终达成在学中练、练中悟、悟中行的目标，真正实现弘扬优秀传统文化、增强民族自信的目的。

问题4：什么样的游戏才是好游戏？

游戏是多种多样的，教师可以创编出很多游戏，但究竟什么样的游戏才可以称得上是好游戏呢？在不断的摸索中，笔者认为好的游戏需要满足以下几个要求：

（1）有足够的吸引力。游戏的名称、创设的情境、实施的方法、追求的目标等，使学生一听就有想玩的冲动。

（2）能达到增进学生身心健康的目的。这是由体育课是以身体练习为主要手段的课程性质决定的，同一时段学生的参与度、整体练习密度和训练强度要适中。

（3）符合学生的身心发展特点。有的游戏虽然设计得很好，但是不符合学生的实际水平，纸上谈兵；有的游戏任务单一，没有进阶，缺乏挑战性和趣味性。这两种都是不可取的。

（4）便于推广使用。游戏的器材、场地等应符合大多数学校的实际情况，自制器材简便易行，在常见体育场地就可实施。

（5）游戏内容一目了然。游戏方法与规则应简明扼要，图示准确，便于教师快速了解游戏方法与规则。

（6）注重健康安全。认真贯彻"健康第一"的教育理念，注重保护与帮助，这些都是体育教师必备的职业能力，也是体育游戏应满足的实施要求。

学科思政视角下小学体育游戏教学的思考

北京亦庄实验小学　伏　超

2019 年 8 月，中共中央办公厅、国务院办公厅印发了《关于深化新时代学校思想政治理论课改革创新的若干意见》，要求"整体推进高校课程思政和中小学学科德育"，学科思政和学科德育再次成为教学改革的重要课题。

《义务教育体育与健康课程标准（2022 年版）》基于核心素养，依据课程目标，设置了有助于实现体育与德育、智育、美育、劳动教育和国防教育相结合的跨学科主题学习内容，以提升体育与健康课程的综合育人价值，促进学生核心素养的形成与发展。

一、爱国主义教育和国防教育是体育与健康课程综合育人的重要内容

爱国主义是中华民族的光荣传统。爱国主义教育和国防教育是提高全民族整体素质的基础性工程，是推动中国社会前进的巨大力量，是中华民族共同的精神支柱，是社会主义以精神文明建设主旋律的重要组成部分。方式得当、效果良好的爱国主义教育和国防教育能够引导青少年儿童树立正确的世界观、人生观和价值观，是助力中华民族实现伟大复兴的一项重要工作。

爱国主义教育和国防教育在学校德育工作中处于重要地位，新时代的学校教育不仅要教书育人，更要立德树人。因此，在学科教学中进行爱国主义教育和国防教育，激发学生的民族自信心和自豪感，唤起青少年儿童热爱祖国的极大热情，使青少年儿童树立坚定、正确的政治方向是每一位教师不可推卸的责任和义务。

小学体育教育作为学校教育的重要组成部分，同样有着对学生进行爱国主义教育和国防教育的神圣使命。可以说，每一位体育教师都应当在日常的体育教学活动中将爱国主义教育和国防教育作为自己光荣的职责。然而，爱国主义和国防教育的内容多、范围广，牵涉情感、行为、礼仪等各个方面，

在教学中往往让人无从入手，如果把握不好方式方法就只能讲讲大道理。

二、小学体育教学中如何有效开展爱国主义教育和国防教育

一方面，我们应该认识到，爱国主义教育和国防教育陷于困难的主要原因是教育方式枯燥乏味，同样的大道理学生已经听过很多次，泛泛而谈、没有亮点的内容很难让学生印象深刻，传统的教育方式达不到良好的教育效果。

另一方面，其他学科的教育教学方式主要是在班级课堂上进行讲和学，而绝大多数的体育课是室外的身体实践学练课，如果此时依旧是教师讲、学生学的话，不仅重复了其他学科课堂上的教授方式，更会因为缺少多媒体设备和书本教材支持，而让教育的发生过程变得简陋、显得唐突。当然，不能否认每学期都会有几节室内的体育与健康知识课，可以像其他学科一样将爱国主义和国防教育融入课堂教学，但绝大多数的室外体育课的主要任务还是让学生学练运动技能，进行各项身体素质锻炼。因此，充分发挥体育课的优势，将爱国主义教育和国防教育同体育课堂的身体锻炼实践进行融合是一个可以尝试的方向。

三、小学体育游戏中渗透爱国主义教育和国防教育

教人未见意趣，必不乐学。体育游戏作为体育课的重要组成部分，因其生动活泼的形式、丰富多彩的内容、灵活多变的方法、富有感染力的情节，以及强烈的趣味性而深受青少年儿童的喜爱。在小学体育游戏中，多数游戏都有一定的目的性和思想性，同时又有情境性和竞争性，符合儿童的生理和心理特点。一个好的体育游戏是根据游戏的内容和特点切合实际地进行，既挖掘游戏的思想内容，又不牵强附会。一般可采用"故事法"和"演练法"等，创设一定的情境，给学生以身临其境之感。

我们可以根据爱国主义教育和国防教育的目的，通过设计丰富有趣的体育游戏情境和内容，引导学生在积极锻炼的同时学习爱国主义和国防教育知识。例如，在长征渡江游戏中，将红军翻越高山、跨越江河、横穿茫茫草原和沼泽等艰难过程用钻、踏、跳、绕等动作技能的方式"带领"学生重走长征路，伴随着"红色主题"的音乐，体验"强"渡大渡河、"巧"渡金沙江、

"飞"夺泸定桥等挑战关卡，既充分体现了竞争性比赛的特点，又通过体验式的爱国主义教育方式培养了学生的合作意识、吃苦耐劳、不畏艰难的"红色精神"，以及勇于探索的优良品质。这样生动有趣的爱国主义主题游戏更能吸引学生主动参与其中，让人的印象更加深刻，教育效果也有所提高。再如，在进行《冲过火力网》这一游戏时，教师可先用收录机放段密集枪炮声的录音，接着对学生讲："今天我们都来当一次解放军，为了保卫祖国的安宁，夺取战斗的胜利，我们要机智勇敢地冲过敌人的'火力网'"。然后，在枪炮声录音中进行游戏。这种沉浸式的国防教育游戏体验让学生在进行体育游戏的同时也充分体验了保家卫国的解放军的角色。

在体育游戏中，有些游戏需要学生越过障碍，有些游戏有较大的难度，有些游戏需要学生在运用体力的同时，还要运用智力才能取胜。这些游戏不仅能培养学生的爱国主义精神，同时还能培养学生的机智、果断、勇敢、顽强、不畏困难等各种优良品质，对其适应环境能力的提升有很大的好处。

四、提高学科思政意识，加强思政教学的训练，完善师德养成，把育人价值作为教师职业价值追求和专业成长的内在要求和责任使命

学科思政的落实主要靠学科教师，教师只有回归学科教学的本质，在教学中体现爱与尊重、公正与自由、自信与担当等，才能让学生吸收、内化学科知识蕴含的思政元素。在体育教学中，通过开展具有丰富文化内涵的体育游戏，并对学生进行爱国主义教育，在教会学生体育技能和体能的同时，激发学生的民族自信心和自豪感，唤起学生热爱祖国的热情，两者之间通过巧妙结合更能达到相辅相成的效果。在教学实践中认真研究，不断开发适合青少年儿童的爱国主义教育方法，积累经验，不断把爱国主义教育在体育教学中具体化，让爱国主义教育真正融入体育教学，在达到体育体能、技能教学目标的同时，还能取得良好的爱国主义教育和国防教育成果，将立德树人这一教育的根本任务落实得更有深度、更有意义。这种爱国主义教育和国防教育的落实，也将是每位富有教育理想的体育教师义不容辞的责任。

创编有故事的游戏　溯源有根体育文化

北京教育学院　袁立新

体育与健康课程中的游戏与活动是小学阶段主要的内容，能够发展学生走、跑、跳、投、攀爬等人体基本活动能力，培养学生团结协作、遵规守纪等优良品质和集体主义精神。体育游戏深受学生的喜欢，它能让每一位学生在参与、学习、体验、合作与比赛中享受运动的乐趣。然而，现阶段体育游戏更多呈现的是游戏的锻炼性、趣味性和竞赛性，注重对学生团结协作和集体主义精神的培养，忽略了游戏的内在意涵和教育价值，特别是对游戏知识性和文化性的挖掘。

2014 年，教育部印发《完善中华优秀传统文化教育指导纲要》（以下简称《纲要》）教社科〔2014〕3 号文件，《纲要》强调，开展中华优秀传统文化教育，要以弘扬爱国主义精神为核心，以家国情怀教育、社会关爱教育和人格修养教育为重点，着力完善青少年学生的道德品质，培育理想人格，提升政治素养。2017 年，中共中央办公厅和国务院办公厅印发《关于实施中华优秀传统文化传承发展工程的意见》，要求把中华优秀传统文化融入课程和教材体系，有序推进中华优秀传统文化教育进校园，丰富拓展校园文化，推进传统体育进校园。

"重视中华优秀传统体育文化，培养学生的民族精神和文化自信"是《义务教育体育与健康课程标准（2022 年版）》的重要课程理念之一。中华传统体育类运动集合了经过历代传承、具有浓厚民族文化色彩和特征的体育活动，是传承中华优秀传统文化，开展课程思政的重要载体。保证中华传统体育内容在体育与健康课程中的比重，引导学生在学练过程和比赛竞争中体验中华优秀传统体育文化的丰富性与特色性，感悟民族文化的魅力，增强对中华文化的认同感及民族自信心和自尊心，是每位一线体育教师义不容辞的责任，也是我们第二期协同创新计划"基于中华优秀传统文化背景下小学体育游戏创编与特色活动课程开发培训项目"举办的初衷。

一、明确研究目的，做好顶层设计

聚焦"中华优秀传统文化，创新小学体育游戏"主题，挖掘中华优秀传统文化中"二十四节气""节假日"活动、中华传统体育、民族民间传统体育中的游戏元素，结合新时代学校体育发展与改革的要求与变化，进行爱国主义教育、国防教育、学科思政和跨学科主题学习等，创新、创编体育游戏，力求溯源有"根"的体育文化课程。

（一）博采众长，夯实研究理论基础

传承中华优秀传统文化基因，立足体育非物质文化遗产，借鉴多元智能理论，KDL 体育与健康课程模式幼儿体育游戏创编理念的研究成果与实践案例，把中华传统文化和体育游戏与活动有机结合，实现学生发展核心素养的价值追求。构建育体与育心一体、体育与健康教育融合的课程体系，落实"健康第一"教育理念，促进学生健康成长与全面发展。

（二）古为今用，萃取游戏创编元素

中华文化博大精深，神话传说、成语故事、传统习俗等蕴含了丰富的体育活动与竞赛元素，经过历代传承，形成了具有浓厚民族文化色彩和特征的体育活动。如传统节日的元旦拔河、长跑，春节的秧歌、舞狮、放爆竹，元宵节的观灯、骑竹马、太平鼓、跳百索，清明节的踏青郊游、放风筝，端午节的旅游、赛龙舟，中秋节的走月亮与圆月，重阳节的登高等；民族民间体育活动的舞龙、踩高跷、抖空竹、腰鼓、太平鼓、太极扇、竹竿舞等，以及"二十四节气"中的文化内涵、衣食农事，依气候而作，养生健身价值等，为体育游戏的研发提供了丰富的素材。同时，对已有的小学体育游戏、民族民间游戏进行梳理与归类，赋予新的文化意涵和价值，从而达到"感知文化、亲近自然、吟诗诵词、寓教于乐、育体育心、五育并举"的目的，彰显新时代学校体育的特色。

（三）以点带面，优化设计，精准培训

立足传统文化和传统体育进校园，着眼教师成长规律、专业发展和全面素养提升，通过游戏创编和特色活动课程开发，以点带面，帮助教师更新教育教学观念，促进体教融合，实现五育并举，推进学校体育育人理念、育人模式和方式变革、特色发展，助力教师成长。

围绕"把培训课堂建到学校，让教师研修真正发生"的培训理念与宗

旨，统筹规划行动学习和研究活动，分步实施。强化线上和线下混合式培训，将教育现场放在学校，回归课堂，使项目成果落地生花，促进学生、教师、学校和培训者协同发展。

强调目标导向、问题导向和实践导向，突出研修内容的前瞻性、实用性和针对性，优化培训模块和内容关联性，组织开展专题讲座、案例分析、创编设计、经典研读等活动。

研修方式上，强调研究、学习、改进和提高相结合，知行合一、在"学中做、做中学"，学用结合，学以致用。充分调动项目校和教师的积极性，坚持自主创编、合作开发与协作创新，提升游戏创编和教学实践能力。强化校本研修、创编分享、课堂实践、在线指导等。通过观摩研究课、阶段展示汇报和跨区域协同，促进经验交流与资源共享。

二、整合优质资源，研训教一体化

整合国内高校、科研单位和中小学校优秀的师资团队，师资涵盖中华传统文化教育、中华传统体育、学校体育理论、体育教学和体育游戏等方面专家、教研员和优秀体育教师。做到示范引领、实践指导、创编点拨、行动研究、研修培训相长一体化。

（一）专家引领明方向，理论护航行致远

民族民间传统体育游戏创编国宝级、特级教师关槐秀担任项目顾问，参与项目策划、设计及创编指导。中华传统文化和校外教育专家王小慧的报告《传承中华文化的最美基因——关于传统文化进校园的意涵与价值》，把我们领进中华优秀传统文化殿堂。国家非物质文化遗产名录"传统体育组"评审委员会专家、国家体育总局体育文化发展中心崔乐泉研究员的报告《非物质文化遗产视角下的中国传统游戏》，给我们推开了中华传统体育的一扇窗。学校体育专家、北京师范大学毛振明教授的报告《游戏：教会、勤练、常赛》，让我们洞悉了游戏创编的精髓，拓宽了对全员运动会、"一校一品"的认知。中国教育科学研究院于素梅研究员的报告《把握教改新要求 打造课堂高质量——如何上好新样态体育课》，深度解析了《义务教育体育与健康新课程标准（2022年版）》，帮我们分析了新时代体育教学的新变化、新要求。思政教育专家、北京教育学院金钊博士的报告《传统节假日活动课程开发》，

为我们呈现了丰富多彩的节假日文化和体育活动。北京教育科学研究院体育研究室主任樊伟的《体育游戏教材分析与应用——体育教学一般规律在小学体育教学中的应用》全面剖析了体育游戏在小学体育教学中的应用，通过丰富多彩的实践案例，为我们展示了北京市小学游戏教学的全貌和发展方向。《首都体育学院学报》编辑部主任章柳云的《宽视野　深研究——〈体育教学〉杂志选题与投稿方法》，为我们搭建了学术研究与成果分享的平台。

（二）名师示范有借鉴，创编实践有参考

它山之石，可以攻玉。本次培训打破区域、地域、空域、时域限制，荟萃国内名师和实践专家，采取线上线下混合式培训，促进教师专业能力提升和创编水平提高。北京市通州区教师研修中心体育教研员、正高级教师张金玲的《我们一起走进体育游戏》，手把手带领学员走进多彩的体育游戏。北京师范大学陈飞星博士的《素质拓展游戏的开发和创新》，带学员参与、体验互动式游戏。华东师范大学体育与健康学院袁春的《体育游戏化教学与设计》、广州市真光学校周活新的《小学体育游戏的创编与组织》、重庆市渝中区人和街小学教育集团胡甘霖的《小学体育与健康课堂教学游戏化实践与探究》、深圳市盐田区外国语小学东和分级蒋卫的《体育游戏人生　乐享丰盈生活》、北京市海淀教师进修学校教研员谢娟的《体育游戏与游戏化教学》、通州区教师研修中心教研员崔宝春的《游戏化教学让体育课程更加精彩》、昌平区教师进修学校教研员班建龙的《小学体育游戏的创编与实践教学研究——以足球大课间游戏为例》、北京市通州区潞县中心小学魏敬的《小学体育教学中游戏的创编与器材的运用》、北京市海淀区万泉小学王芳的《核心素养下的小学体育游戏》，等等，从老师们的亲身经历和丰富教学实践出发，为学员提供了可以借鉴的经典案例和宝贵创编经验。

（三）同伴互助齐进步，协同创新共发展

本次培训在设计方案时充分考虑"协同创新计划"的宗旨和意图，遴选了大兴和房山两区四所学校，分别为：北京小学大兴分校亦庄学校和北京亦庄实验小学，房山区周口店中心小学和城关小学，每所学校 5～8 人，突出校本研修，加大区域协同。

培训期间，所有学员参与公开课研究，通过随堂听评课，面对面诊断和个性化指导，提高教师驾驭课堂的能力和游戏创编水平，定期组织阶段性总结与展示，通过全员参与、大练兵、大比武，激发学员创编游戏积极性，有效推进培训进程，监督与评估培训成果。

此外，为充分发挥疫情期间游戏和体能在居家锻炼中的作用，项目负责人身体力行制作了三期微视频《疫情自练 给力健康——发展身体素质练习组合》和《居家总动员 一起来战疫（体能训练篇）》，以及针对初三体育中考和高中体育会考学生的《发展上肢力量的实心球辅助练习》，集素质练习、居家游戏、健身健体于一体，发展学生速度、力量、柔韧性、协调性和灵敏性等素质，提高锻炼的针对性、实用性和实效性。在项目负责人的引领下，北京小学大兴分校亦庄学校开发了《居家亲子游戏》和《居家体能游戏》；城关小学微信公众号推送《战"疫"微课堂——家庭亲子运动游戏》，开展了有趣的线上运动会；北京亦庄实验小学石少峰设计了 30 多个居家亲子体能游戏，《运动战"疫"——跟着石头老师动起来》被录制成为大兴区电视公开课。截至 2021 年底，项目校共组织区域公开活动 200 余次，行动研究 180 余次，研究课 150 余节。

2021 年 7 月，中共中央办公厅、国务院办公厅印发《关于进一步减轻义务教育阶段学生作业负担和校外培训负担的意见》。项目团队迅速响应，聚焦"双减"政策落地，促进学校减负提质，于 2021 年 12 月 26 日，开展了京渝深唐四地七校在线论坛，充分体现了项目团队对于同伴互助价值的挖掘及协调创新的探索。通过校本研修和区域协同，取长补短、互相促进、各有所获。

在项目最后冲刺和收官阶段，先后进行了两轮共 8 次的分项目线上游戏创编分享和指导，学员创编水平和游戏质量有了较为显著的提升。项目组统一游戏创编体例与格式，对游戏各个方面提出了修改要求和说明，确保创编游戏体例一致。发现游戏组织示意图五花八门、差异性大等问题，发挥培训学员特长，互帮互助，让制图能力优秀学员录屏示范，手把手带领大家学习和提高，经过改进后的游戏设计有了明显提升。

（四）项目团队亮实力，各显其能展才华

本项目从始至终秉持"始于主动、寓于真诚、终于满意"的理念，项目负责人、首席专家袁立新，理论导师胡峰光和饶子龙，实践导师大兴教师进修学校教研员梁吉涛，房山教师进修学校教研员尤军和郭玉东，北京市基教

研中心体育教研室主任樊伟，华东师大体育与健康学院教师袁春，深圳市盐田区外国语小学东和分级教师蒋卫，重庆市渝中区人和街小学教育集团教师胡甘霖等参与培训的全过程，分工明确、精诚团结、各尽其责、各显其能，与学员亦师亦友，树立了良好的培训者形象。丰富的培训经验，充满激情的培训现场，认真落实培训理念，扎实开展需求调研，精准确定培训主题，精准选择培训内容，精准设计培训课程，灵活选用培训方式，丰富预期培训成果，赢得了学员的一致好评。

三、实施经验与特色

基于中华优秀传统文化背景下小学体育游戏创编与特色活动课程开发项目的设计与实施，源于对国家出台相关政策的准确把握，以及对教育发展与改革的高度敏锐的洞察力，具有前瞻性、预见性和可持续性。同时，本项目成功实施也得益于以下几个方面：一是北京教育学院和北京教育学院体育与艺术教育学院领导的高度重视和持续关怀；二是关注教师需求，组建了一支责任心强、专业素质、工作效率高的师资和管理队伍，确保培训项目顺利实施；三是精准合理的课程设计和灵活多样的培训方式，彰显了理念新、站位高、内容实、形式活，针对性和实效性强等培训特色；四是统筹管理、精准实施、过程监控、服务保障，是本项目成功实施的关键。

四、问题与建议

一是本项目是开创性项目，可参考借鉴少，摸索前进，路漫长。回首方案设计，尚有不足之处需改进。虽然游戏创编渐入佳境，但到特色活动课程开发时，因疫情反复，导致项目进度延缓。但从整体培训效果来看，未来可期。

二是学员整体积极性高、参与度广、创编创新意识强，但个体差异明显，接受能力、创编能力存在差距，学员的自我反思和改进提高有待加强。

三是成果的理论高度与深度尚待挖掘，游戏创编设计与文本撰写能力尚待统一、规范。

后记

　　本书从策划、汇编到成册，历经数月。在成书过程中，北京教育学院体育与艺术教育学院给予了极大的支持和指导，国家体育总局体育文化发展中心崔乐泉研究员，北京教育科学研究院基础教研中心主任樊伟，北京市大兴和房山区教师进修学校体育教研员梁吉涛、郭玉东和尤军，华东师大体育与健康学院袁春，深圳市盐田区外国语小学东和分校蒋卫，重庆市渝中区人和街小学教育集团胡甘霖，项目团队袁立新、胡峰光和饶子龙等专家和教师充分发挥专业优势，在提供研究理论成果的同时，给予了细致的指导。北京师范大学李佑发教授，北京教育学院李春山教授、陈雁飞教授、潘建芬教授、巩平教授和张庆新副教授，北京教育学院朝阳分院特级教师关槐秀等对全书的编写工作给予了重要的指导。感谢所有对本书提供帮助的专家们和朋友们，虽然不能一一列举，但大家的智慧与汗水都凝结在字里行间。

　　受时间和水平所限，本书在整理和撰写过程中难免有疏漏和不足之处，恳请学校体育同仁和广大读者多提宝贵意见。愿与同行分享、互促，一起探讨，共同进步。

本书编委会